至福の北欧サウナ

知られざる歴史と文化のすべて

※（　）は訳注です。

Inledning

はじめに

　松やにの香り、木の温もりと蒸気。洗ったばかりの体を冷やしたあと、ベンチに腰を下ろし、背中が火傷しないよう気をつけながら木の壁にもたれる。なんという開放感。それから静けさと穏やかさと、体が温まりはじめる感覚。

　突然、心音と呼吸がはっきり聞こえる。血管が脈打っているのがわかる。まわりの空気はますます熱くなり、汗が吹き出し、体は重く呼吸は遅くなるが、心は落ち着く。自由に考えを巡らせているうちに一日のストレスや悩みが消え、やがて瞑想状態に入る。サウナはじわじわと体を沸き立たせ、同時に落ち着かせてくれる。

　小さい頃からサウナに行くのが好きだった。明るい色のベンチに腰かけると、父親はサウナで気をつけるべきことを教えてくれた。大声を出したり騒いだりしてはいけない。水を石にかける前に周りの人に確認する。人と話すのはかまわないが、それは相手が望むときだけ。幸いなことに、父が教えてくれたのはルールではなくマナーだった。

　サウナについて、不必要なルールや誰もが従うべき厳しい理想——本物のサウナはかくあるべし、温度はこれで湿度はこう——を滔々（とうとう）と説明する人がいるが、それを見るとちょっと残念な気持ちになる。常識や配慮は大切だが、ある種のサウナが他よりも優れているという考えは馬鹿げている。ドライサウナが好きな人もいれば、ウェットサウナが好みの人もいる。室温は70℃がいいと言う人もいれば、いや110℃、なかには130℃まで耐えられると言う人もいる。短時間集中型の人もいれば、長時間じっくりと楽しみたい人もいる。

　サウナ浴というのは、日常から遊離する行為であると同時に日常的な行為でもある。瞑想と内省、そして休息と回復のための時間だ。同時に社交の場でもあり、会話の場でもある。サウナで一緒に座ることは、一種の平等感をもたらす。服装や職業など、社会における肩書きから解放されたサウナでは、

上下関係がなくなり、いつもよりリラックスできる。どこの
サウナであろうと――市営の浴場、豪華なスパ、または大自
然の中にある木造りの薪サウナ小屋など――何かに包まれて
いる感覚、集中力、仲間意識は同じだ。本書はさまざまなサ
ウナ浴を扱っている。現代のものも昔のものも、質素なもの
も贅沢なものも、ひとりで入るサウナもみんなで楽しむサウ
ナもある。さらに、古代北欧人の習慣であるサウナ小屋と温
熱、現代のアロマサウナやサウナヨガ、そして世界中の類似
した習慣について説明する。また、自分でサウナを設置した
い人のための実践的なアドバイスも載せている。さらに、フ
ィンランドのサウナソーセージを調理する方法や、風呂上が
りのちょっとした軽食の準備についても触れる。

　本書の著者である私たちは、サウナの安らぎ、一体感、楽
しさをいくばくかでも読者のみなさんに伝えたいと願ってい
る。蒸気や熱気、薪やシラカンバの葉の香りなど、私たちを
虜にするサウナのユニークさを表現してゆきたい。

JENS LINDER
イェンス・リンデル

STEFAN WETTAINEN
ステファン・ヴェッタイネン

第1章

ホットルーム（熱い空間）の歴史

Heta rum genom tiderna

サウナの心地よい熱に包まれていると、古代の儀式に参加しているような気分になる。とくに針葉や樹脂の香りがする昔ながらのサウナでは。服を脱いでリラックスし、汗をかきながら静けさに身を浸すと、瞑想的な熱の中で自分が自分に追いついてくる。つまり、自分自身に変化するのだ。これはミステリアスな変身プロセスだが、大昔から多くの人々が体験してきたことでもある——古代スコットランド人やアボリジニからロシア人、イヌイット、ケルティベリア人〔古代イベリア半島に住んでいたケルト人〕など。つまり、発汗浴は古来より世界中に存在していたのだ。

　古の人々がともに汗を流してきた光景を想像するのは難しくない。外で身に着けているものが簡素な毛皮だろうと派手なローブだろうと質素な服だろうと、そのホットルーム（熱い空間）には人々を平等にする効果があった。階級、出自、地位、肩書き、俗物根性など、そこではどうでもよくなる。

　フィンランド語のサウナは、古フィンランド語およびサーミ語で「くぼ地」を意味するsaknaに由来している。この言葉は、雪洞やビバーク、つまり雪の中の避難場所を意味することもある。サウナはまさに避難所であり、日常生活や仕事、ストレスから解放される隠れ家でもあるのだ。はるか昔には、寒さや雨、危険な動物や敵から身を守るための場所でもあった。サウナが古代北欧の法律でとくに保護されていたのは偶然ではなく、サウナでの暴力は教会での暴力と同じく厳しく罰せられた。サウナは安全な場所であるべきだったのだ。

サウナ浴をする女性患者たち。イタリアの探検家ジュゼッペ・アチェルビ（1773〜1846）は北欧旅行で見聞きしたことを記録した。この絵は1876年発行の『北欧百科事典』に採録されたもの。

すべては火から始まった。約150万年前、人類は火を操ることを学んだ。人類史上まれに見る大きな変化だった。放浪していたホモ・エレクトスの集団は、天候や日照時間、季節の変化に、これまでのように翻弄されることはなくなった。洞窟の中や岩陰で、自分たちで火をおこし、身を寄せ合うようになった。やがて食べ物を熱で調理する利点に気づいた。世界各地で食物を、地中に掘った穴の中で加熱したり、熾火（おきび）でグリルしたり、石板で焼いたりするようになった。その結果、原材料が食べやすくなり、栄養補給も容易になった。脂肪やタンパク質を多く摂取することで、人間の脳は――そして思考力は――より大きくなった。

　火のついた棒やたいまつを使うことで、古代人は一日の活動時間を増やした。また、明かりのおかげで一緒に起きている時間が長くなり、社会生活も変化した。物語やゲーム、歌などの活動がより重要視されるようになった。また加熱と冷却――石を熱した炎を水か雪で消すこと――で石を割るようになると、道具や容器、武器を作る技術も発達した。

　やがて、さまざまなタイプの住居――洞窟や簡素な小屋やテントなど――を火で暖めることの快適さに気づいた。また、洞窟や採石場など、特定の場所を暖め、そこで長時間過ごすようになった。発汗浴がいつどこで始まったのかは不明だが、とても興味深い。発汗浴がひとつの地域でだけおこなわれていたとは考えにくい。むしろ、広くおこなわれていたものが、時代とともに衰退していったのだろう。

　古代人の世界については、私たちは完全に知りようがない。だが、これら初期の人々は、基本的には私たちと同じような生き物であったことを忘れてはならない。安心や安全や喜び、怪我の治癒、そして暖かさを求めていた。だから、発汗浴は特殊な発明ではなく、会話や狩猟、食事と同じように一般的な習慣だったと考えるべきだろう。それは体を温め清潔にするための習慣であり、しばしば精神的、宇宙的な儀式と結びついていた。太陽や月などの天体に対して特定の位置に浴場が建てられ、天文に関する彫刻が施されていた証拠は、中央アメリカやスペインを含む世界各地で発見されている。

　約一万年前に最後の氷河期が終わり、石器時代に入ると、

人類は地面に穴を掘り〔その周囲に木の枠組みを立て〕さらに動物の皮で覆い、その内部に熱した石を置いて、暖かさが何時間も続くようにした。熱した石で暖かさを拡散させる技術は、洞窟や竪穴建物などの住空間を快適な温度にするためにも使われた。また、地面に穴を掘って、そこに熱した石を置き、肉を調理する方法はこれまで多くの文化でおこなわれており、今日^{こんにち}でもアラビア半島や中南米などに残っている。

　遊牧民の移動式のスモークテントやスモークロッジは歴史を通していたるところに見られたが、石造りの建物も発見されている。このような耐火性の建物の多くには火が使われた痕跡があり、穀物、ナッツ、ベリーなどの食料を乾燥させていたのではないかと考えられている。しかし、簡単なベンチがあり、人が座れるようにもなっていたことから、何らかの発汗浴がおこなわれていたとも考えられている。

　現代の私たちが抱いている衛生、食事、医療、出産、死などの概念は、大昔には明らかに異なっていた。このことは、あるサウナ跡の考古学的発見に見ることができる。2015年、スコットランド沖のオークニー諸島にあるウェストレイ島で村の遺跡が発見された。6000年前のものであることが判明し、中央の家には明らかに火を焚いた跡があった。調査によると、これは一種の暖房室、つまりサウナで、村人が集まって発汗浴をしていたのではないかという。他の古代のホットルーム同様、そこでは神聖な儀式だけでなく、出産や、死を待つ老人や病人のための部屋としても使われたことだろう。また、イングランド北部ヨークシャー州の北海沿岸にあるリトル・キャットウィック・クォーリー（石切り場）で、木製の建物が円形に並んだ遺跡が発見された。少なくとも4000年前のもので、中心部には焼けた石があり、周辺部には焼け焦げた石が捨ててあった。おそらくこれは、死者の火葬と儀式をおこなう建物か、サウナか、あるいはその両方だったのではないだろうか。

サウナの世界史

　サウナといえば寒冷地のイメージが強いことだろう。だが、実際には寒冷地だけのものではない。たとえばオーストラリアのアボリジニにはスウェットロッジに集まり、語り、嘆き、祝い、食べ、汗を流すという伝統が古くからあり、今なお生きつづけている。彼らは少なくとも6万5000万年前からあの大陸に住んでいるが、この発汗浴の習慣がいつ始まったかは定かではない。

　温暖な地中海沿岸地域でも、昔から人々はホットルームにもぐりこんでいた。サルデーニャ島で発見された青銅器時代後期（紀元前1100〜900年）の建物は、おそらくある種のサウナだったと考えられている。ベンチ、小さな浴槽、シャワーパイプ、小さなプールなどが付いた円形の部屋がいくつかあったからだ。古代のスパ施設と呼んでもいいだろう。

　紀元前700〜300年頃の古代ギリシャでは、大理石で豪華な浴場を建て、その内部の部屋を熱した石や薪で暖めることが流行った。なかにはスウェットルームがロタンダ（円形の建物）になっており、円錐形の屋根を鎖で開閉できるものもあった。

　スペイン北西部とポルトガル北部に広がる古代ガリシア地方で、考古学者が約20のスウェットルームすなわちサウナを発見した。発掘調査の結果、これらの施設は紀元前5世紀から、おそらく紀元2世紀頃まで使用されていたと考えられている。石造りの部屋の扉や壁には天文学的なモチーフが描かれているものもあり、この施設が天体や当時の宇宙観と関係があったことを示唆している。

　ローマ帝国の入浴施設であるテルマエにも、いわゆるカルダリウム、つまり一種の床暖房システムがあった。すでに紀元前3世紀のローマには小さな浴場があったが、最初の大公衆浴場が建てられたのは紀元前25年頃のアグリッパの執政時代だった。ローマ最大の施設は3世紀に建てられたカラカラ浴場だ。床面積はなんと12万4000平方メートル。ある浴槽の大きさは1300平方メートル（約55×25メートル）もあった。ローマ時代のスウェットルームは、現代のスチームバスのよう

に蒸気を多く含み、かなり低温だったと思われる。

　ローマ帝国の衰退と崩壊のあと、彼らの入浴文化はオスマン帝国の多くのハマム〔公衆浴場〕に受け継がれ、変化していった。ハマムはかなり蒸気が多いが、温度は40〜50度の低温に保たれていた（これは現代でも同じ）。マッサージや垢すりは、たちまちハマムではおなじみのサービスとなった。だから客はいつもタオルや何らかのドレープを身に着けていた（これも現代でも同じ）。高級なハマムでは、入浴客は美しい服や布を身につけ、食事やコーヒーを楽しみ、音楽を聴きダンスをした。

　ずっと南へ目を向けると、現在のスーダンには、紀元2世紀に建てられたとされるメロエの王宮浴場跡がある。ギリシャの影響を受けたこの施設には、大きなプール一面の他にスチームルームが並んでおり、人々は王座のように大きな椅子に座って汗を流したという。これは、現在もスーダンに存在する薬草蒸し風呂の一種ドゥカンの起源だったと言われている。ドゥカンはおもに女性が利用し、足や性器や顔を蒸す。治療目的や、結婚前の花嫁の儀式にも使われることがある。

アステカのテマスカル。左端から火を焚
く人、入浴して汗を流す人、外で涼んで
いるらしき人。右端のふたりはおいしそ
うな食べ物を手にしている。

　大西洋の反対側、とりわけメソアメリカのアステカやオル
メカ、マヤの文化においても同様の発汗浴の伝統があった。
数年前、ポーランドの考古学者たちが、グアテマラにある古
代マヤの都市ナクムで保存状態の良い2500年前の蒸し風呂の
遺跡を発見した。それは石灰岩の岩盤を直接削って造られて
いた。入ってすぐに階段があり、そこを下って浴室へ行く。蒸
し風呂は排水口と通気口を備えていた。

　マヤ文化では、蒸し風呂は精神および肉体を浄化する儀式
の一部だった。また浴場は、神々にいけにえを捧げ、豊作や
幸運を祈る儀式の場でもあった。マヤの神話によると、最初
の人間は水の満ちた洞窟で生まれたとされ、現在でもマヤの
子孫は壁に囲まれた空間を蒸し風呂にしている。

　アステカでも同様のホットな習慣が、さまざまなテマスカ
ル（まさにスチームハウスの意味）でおこなわれた。テマス

カルは、テムズカルテシという特別な女神に守られていた。16世紀のフランシスコ会の修道士ベルナルディノ・デ・サハグンの記録によると、メソアメリカの先住民は骨折、梅毒、ハンセン病、皮膚疾患、胸部や腰の痛みの治療に発汗浴を用いていたそうだ。

　北アメリカ大陸でも、熱さと煙の中で人々は汗を流していた。この習慣は遅くとも紀元前500年頃には始まっていたと考えられている。北米先住民の諸部族はスモークロッジに親しんでいた。穴の中で熱した石を、テントや小屋の中に運び込み、空気を暖めていた。ただし、小屋やテントの中で火を焚いて石を加熱することもあった。炎が消えると煙を排出し、発汗浴をする。これは現在でもフィンランドやスウェーデンでおこなわれているスモークサウナと基本的には同じメソッドである。

　北極圏へ目を向けてみよう。イヌイットには「マキイ」と呼ばれる、起源が不明なほど古い入浴習慣がある。これは、小さな木造の小屋でおこなわれる蒸し風呂で、床下に薪ストーブを置き、その熱で人々は汗を流す。

　カスピ海周辺のスキタイ人も発汗浴をおこなっていた──カナビス付きで。紀元前5世紀のギリシャの歴史家ヘロドトスの記述によると、スキタイ人は麻を栽培し服を作るだけでなく、麻のタネを熱く蒸した部屋に持ち込んで、そこから出る蒸気を楽しんでいたそうだ。

　東アジアでも古くから発汗浴がおこなわれていた。8世紀の日本では仏教寺院が浴場を造り、大衆に施浴をおこなっていたが、それは蒸し風呂だった。朝鮮半島の発汗浴の歴史も古い。洗練された朝鮮式サウナである汗蒸所（ハンジュンソ）または汗蒸幕（ハンジュンマク）は、15世紀の仏教が盛んな朝鮮半島に存在していた。サウナには健康増進と治療効果があるとされ、国家はこれを奨励した。サウナは鉱山跡や洞窟を利用することもあったが、次第に円錐形のレンガ造りの建物が一般的になっていった。オリジナルの発汗浴場を模した

北米先住民のスモークロッジは、発汗浴だけでなく清めの儀式もおこなわれる神聖な場所だった。

その風呂は非常に高温で、日本の蒸し風呂よりも北欧の伝統的サウナに近かった。現代の韓国の公衆浴場は、こうした古くからの伝統に、ドライサウナ、スチームサウナ、スモークサウナといった西洋のサウナ形式が加わっていることが多い。

　つまり、ホットルームで発汗浴をするという習慣は——その名が何であれ——特定の地域で生まれたものではなく、広くおこなわれていた習慣が時代とともに廃れ、特定の地域に残るようになったのだ。発汗浴はすべての大陸でおこなわれ、その方法もさまざまだった——温度がとても高い空間、乾燥している空間、蒸気でいっぱいの空間。建物の向きや彫刻は、天体の位置と関連していると考えられている。やがてそれは、一年という時間の測定につながっていったのだろう。収穫すべき時期や休耕すべき時期を知るために。神々や精霊と出会う時期を知るために。

　ギリシャやローマの浴場、オスマントルコやアラビアのハマム、北欧、バルト三国およびロシアのサウナ、ならびにイギリスや中欧の発汗浴など、あらゆるものがその発展に携わり、多様性に貢献してきた。影響はランダムに広がることが多かったが、ときには同時に相互に影響しあうこともあった。たとえばフィンランドのサウナは、独自のルーツを持ちながらもロシアやエストニアの影響を大きく受け、またスウェーデンからも影響を受けている。スウェーデンのサウナ自体はおそらくトルコの影響を受けている。

　謎は尽きず、いくらでも憶測してみたくなる。北米に遠征したヴァイキングが、先住民のスモークロッジを試し、それを気に入ったからだろうか。ケルティベリア人がイギリス諸島に移住した際に、スチームバスを広めたのだろうか。北イングランドに遠征したヴァイキングが発汗浴の習慣を持ち込んだのだろうか、それとも反対に、すでに当地に住んでいたケルト人がその技術をヴァイキングに伝えたのだろうか。これらの疑問の答えを完全に知ることはできないだろう。しかし、古代世界のあちこちで各種の発汗浴がにぎやかに紹介し紹介されていた情景を想像することは、このうえなく魅力的である。

北欧と東欧のサウナ小屋

　私たちが知っているサウナとは、かなりの高温かつ蒸気が
もうもうと立ち込める木造りの部屋のことだが、これはきわ
めてフィンランド的だ。この入浴法が最も強く根づいたのは
フィンランドで、そこから各国に広まった。世界で最も知ら
れているフィンランド語といえば「サウナ」なのだ。しかし
バルト海沿岸の他の国々——スウェーデン、バルト三国、ロ
シア——も、この発展に大きく寄与していることを忘れては
ならない。

　北欧のサウナ史は複雑で、多くは謎に包まれている。しか
し、かなり確信を持って言えることは、発汗浴はフィン・ウ
ゴル族が農耕を始めたのと同じくらい古く、遅くとも紀元前
2000年ごろには存在していたことだ。おそらく東スラブやバ
ルト三国の人々も、同時期に発汗浴を始めていたことだろう。
とはいえ、これはあくまでも推測だ。なぜならフィンランド
で発掘された最も古いサウナは13世紀——つまり北欧の中世
——のものだからだ。フィンランドの発汗浴の起源は、ほぼ
間違いなくそれ以前に遡るだろうが、まだ決定的な遺跡は見
つかっていない。

　フィンランドで最初のサウナのバリエーションは、アース
サウナだと言われている。山や丘の斜面に横穴を掘り、それ
を丸太や棒で覆い、さらに泥炭や土をかぶせる。このように
シンプルで粗野でどっかりとしたものが北欧初期のサウナだ
ったのだ。このような横穴が掘られた最初の目的は発汗浴で
あり、食品の乾燥ではなかっただろう。だが、ときには一時
的な住まいとして使われることもあったかもしれない。

　横穴を掘ることの次に発達したのは、山や丘の斜面を利用
して小屋を建てる技術だった。現代の地中貯蔵庫のようなも
のだ。火はその中で焚いた。最初はドアを完全に開けて換気
していたが、やがて屋根に小さな換気口を設け、そこから煙
を排出するようにした。また、煙の排出ができる程度にその
換気口を動物の皮で覆うこともあった。今日でもフィンラン
ドには数多くの地中貯蔵庫型サウナが残っている。

SAUNA

Saunaはフィンランド語からの借用語。
1962年にスウェーデン・アカデミー編纂
の辞書のひとつ『スウェーデン・アカデ
ミーの語彙リスト（SAOL）』に収録された。
古フィンランド語のsaknaに由来し、エス
トニア語のsaunやカレリア語のsoaknaも
親戚である。古い意味には、「冬の住ま
い」や「ビバーク（北サーミ語のsuovdnji
「雪の中のくぼ地」）」がある。

その（フィンランドの）風呂小屋は丸太で造られていた。
ドアのない入り口を入ると、
服を脱ぐ小さな部屋がある。
その向こうには、窓がなく、
床は土のままの細長い部屋があった。

サウナを研究したスウェーデンの医師カール・クルマン（1833～1913）
による『北欧百科事典』（1879年刊行）の記事より。

北欧最古のサウナと思われる遺跡はスウェーデンで発見された。スウェーデンのメーラレン湖に浮かぶヘリエー〔「聖なる島」の意〕で見つかった3世紀の建物の痕跡は、おそらく一種の浴場だったと考えられている。スウェーデンの発汗浴の習慣は、東の近隣国フィンランド、エストニア、ロシアから伝わったに違いない。だが、ヨーロッパ大陸からの影響もあっただろう。確かなことは誰にもわからない。

　いずれにせよ内部で火を焚いて暖める方式の木造の浴場が、北欧では7世紀頃から建てられていたことが、多くの証拠からわかっている。これはスモークサウナとも呼ばれ、鉄器時代には北欧全体に存在していたと思われる。それは恒久的な建物だが煙突はなく、室内で火を焚いていた。一般の住居でも、暖房は同じ方法だった。

　ロシアも同様の経過をたどった。最初は横穴を利用していたが、やがて低い木造小屋を建てるようになった。ロシアのサウナはバーニャと呼ばれ、室内で丸石を熱した。煙は、入浴する直前に排出した。

　907年、ビザンツ帝国に勝利すると、ルーシの支配者オレグは和平交渉で（かなりの量の銀の他に）、コンスタンティノープルに到着したルーシ人にはパンや魚やサウナ浴が好きなだけ与えられるよう要求した。入浴はそれほど重要だったのだ！　『ネストル年代記』（12世紀編纂）には、スラブ国を旅する聖アンデレの記録が残されている。それを抽出してみよう。

> 「不思議な話である。スラブ国に滞在していた私は、彼らの木造の浴場の見学を許された。浴室を暖めると彼らは服を脱ぎ、体に獣脂を塗り、細長い枝の束で体をむち打つ。あまりに激しく叩くので、彼らの命が心配になるくらいだ。そして最後に冷たい水を浴び、しゃきっとする。自ら進んで、毎日欠かさずこの苦行をおこなうのだ」

　神聖ローマ皇帝オットー1世に仕えた医師が、973年に同じような光景を報告している。ボヘミア（現在のチェコ）に派遣された彼が見たのは、現地の人々の入浴風景だった。蒸気が充満した室内には石造りの炉があり、天井の開口部から煙

を排出する。この発汗浴は肌の腫れや吹き出物を治すと医師は語る。

　北欧から離れてもヴァイキングはサウナ浴に熱心で、旅を通じてこの入浴習慣を他の地域にも広め、なおかつ外部からの影響も取り入れた。ヴァイキング時代に生じた言葉にlördag（土曜日）がある。これはlögar（体を洗う）dag（日）という意味で、入浴する日のことだったのだ。

　ヴァイキングは、北欧のスモークサウナの習慣をどこへでも持ち込んだようだ。カナダのラブラドール州にあるランス・オ・メドーのヴァイキング集落からは、サウナかスウェットロッジだったと思われる煤けた石が発掘調査により見つかっている。〔この集落の形成は1000年頃だと推定されており、ヴァイキングは〕こんなにも早い時期に北極海と大西洋を越える旅をしていたのだ！　北欧のサウナ習慣がどこかで北米のスウェットロッジの伝統と出会ったかもしれない。

　ヴァイキングはシェトランド諸島にもサウナ習慣を広めたようだ。ヤールズホフ遺跡ではヴァイキングの小浴場と考えられるものが見つかっている。これは10世紀に建てられ、熱した石に水をかけて発汗浴をしていたようだ。ヴァイキングのサウナには、ビザンツ帝国からの影響もあると考えられている——9世紀のコンスタンティノープルで略奪行為をし、かつ発汗浴を楽しんだあとに帰国したからだ。

　ヴァイキングが発汗浴に熱心だったことは、アイスランドのサガにも表れている。この物語には、サウナ用の特別な建物がある農園が登場する。10世紀をおもな舞台とする『エイルの人々のサガ』では、農夫のスティルが、ふたりの敵——彼の娘を娶りたがっている——をサウナに招待する。サウナ小屋は部分的に地面に埋まっており、壁に穴がひとつだけ開いている。奴隷が炉に水を注ぎ、温度と蒸気を調節する。ふたりの敵は長時間、小屋に閉じ込められ、めまいがするようになった。そこでスティルがドアを開け、ふたりを斬りつけた。

BASTU

熱い空気の中で発汗し、そのあとに水を浴びるための場所。この単語は1694年から記録にあり、古いスペルbadstuが示すように、badstuga、badestuga、badestuwa〔いずれも「風呂小屋」の意味〕の短縮形だ。〔Bastuとはスウェーデン語でサウナのこと〕

Födelse och död, tvålkok och tvagning

誕生と死、
石鹸作りと洗濯

私はフィンランド南西部の農村アンヤラで生まれ育ちました。毎週土曜日はサウナの日でした。自宅から数百メートル離れた場所に、古くて灰色のスモークサウナがあったのです。もしかしたら、その「サヴサウナ」は私の祖父、ひょっとしたら曾祖父が建てたものかもしれません。

　その木造りのサウナには石を熱する「キウアス」があり、私たちはそこに水をかけました。当時の冬は本当に寒く、除雪作業なんてなかったので、私たちは雪の中を一生懸命歩きました。

　私たちは10人きょうだいで、家族全員がサウナで体を洗いました。当時はどこでもそうだったでしょう。子どもは何でもお手伝いしました。たとえば服を洗うぬるま湯を用意するために、バケツで水をくんできて、サウナ前室のストーブで温めるとか。

　家畜を処理したあとには、内臓、頭、豚足を鍋で煮てアスピック〔煮こごり〕を作りました。サウナ室ではハムを燻製することもあれば、麦芽を乾燥させることもありました。食肉処理した家畜の骨髄から石鹸を作るなど、母は利用できるものは何でも利用していました。

　サウナで産声を上げたきょうだいのほうが多いのですが、私とあとふたりは産院で生まれました。妹は2歳で亡くなりましたが、サウナで体を洗われ、お葬式までそこに安置されていたことでしょう。

　1940年代から1950年代まで、私たちはその古いスモークサウナを使っていました。その後、父が家のすぐそばに薪サウナを建ててくれたのです——水道が建物の中まで通るようになったので。

ウッラ・キヴェンユーリ

ノルウェー初のサウナの記録がある『スヴェレのサガ』〔ス
ヴェレはノルウェー王。1151〜1202〕には、ニーダロス（現
在のトロンハイム）でサウナに入ったビルカール〔13〜16世
紀頃に北欧の北部でサーミ人との交易権と課税権を有してい
た商人）のことが書かれている。考古学的発掘調査などから
わかっていることは、かの有名なアイスランドの詩人スノッ
リ・ストゥルルソン（1178または1179〜1241）が石の壁と床
のあるサウナ小屋を建て、そこに近くの温泉から蒸気を送っ
ていたことだ。そのために石と粘土でパイプも作っていた。
サウナの隣には、直径12メートルの石造りのプールがあった。
1241年にスノッリが殺されたのも、このサウナ小屋だったと
言われている。

北欧のサウナは、地面に穴を掘る方式から山の斜面に横穴
を掘る方式、そして小屋を建てる方式へと進化し、外部の影
響を受けながら、ヴァイキングによって外の世界に広まった。
やがてキリスト教の宣教師が南方からやって来た頃には、サ
ウナは北欧各地で人々の日常生活に溶け込んでいたことだろ
う。

農耕社会におけるサウナ

11世紀に北欧諸国がキリスト教化されたにもかかわらず、
サウナの伝統は根強く残っていた。この新宗教は、身体に対
する厳格なモラルと、身体と魂の完全な分離という概念をも
たらしたが、それでもサウナ浴の習慣をなくすことはできな
かった。スウェーデンやフィンランドの農村では、何世紀に
もわたって、土曜日になると村中の人がサウナ小屋に行く習
慣があった。暖かいサウナで人々は裸になり、ベンチに腰掛
け、束ねた小枝で互いの体を叩いた。春、夏、秋にはサウナ
のあとに、近くの湖や川に入ったり、バケツで汲んできた水
をかけたりした。冬には雪の上を転がったり、氷の浮いた湖
に入ったりした。

13世紀のスウェーデンの州法のいくつかに、サウナ小屋に
関する規定がある。フィンランド、そしてスウェーデン北部
および中部では、大きな農家やその近くにはサウナがあるの

濡れたヴィヒタでお互いの、または自分
の体を叩いたあと、湖のアイスホール
〔氷に開けた穴）や雪の上でほてりを冷や
す習慣は、歴史的にはフィンランド、ロ
シア、スウェーデンに共通している。だ
が現在のスウェーデンでは他の2ヶ国ほ
ど一般的ではない。ヴィヒタはサウナで
使われるだけでなく、掃除道具としても
使用された。

が一般的だった。スウェーデン南部（ブレーキンゲ、スコーネ、ハランド、ヴェステルヨートランド、ボーヒュースレーン）では、農耕社会にサウナ小屋があったという証拠はないが、それ以前のヴァイキング時代などにスチームバスがあった可能性は否定できない。

都会のサウナ

　昔ながらのサウナといえば、農村にある素朴な木造小屋を思い浮かべる人が多いだろう。もちろん農耕社会時代の北欧では国民の大部分が農村で暮らしていたので、サウナ浴はそこで脈々と続いていた。とはいえ、サウナ浴は都市部でもおこなわれていたし、その伝統も古い。

　木造住宅が密集し、いくつものサウナ施設がある街。そんな光景を想像するとワクワクする。そこには小さなサウナ小屋もあれば、石造りの炉と木製ベンチを備えた広々とした高級施設もあった。煙突は16世紀に普及したが、最初は灰色の石で、次にレンガで造られるようになった。簡素なサウナでは、火を焚いているあいだ、煙を屋根や壁に設けられたハッチ「風の目」から放出した。この「風の目vindöga」は英語に入って「窓window」になった。

温もりと配慮。アウヌス小児病院でサウナ浴のあと、服を着せられる孤児院の子ども（1942年）。

　スウェーデンの都市部には13世紀にはサウナ浴場があったと考えられている。文献によると、ルンドでは1269年、ウプサラでは1376年、マルメでは1400年、エンショーピングでは1406年、そしてストックホルムでは1420年にサウナ浴場があったとされている。だが実際はもっと古いだろう。

築300年のスモークサウナ小屋の唯一の採光。〔スウェーデン北部〕トルネ川沿いのマトカコスキ。

ストックホルムの「バストゥ（サウナ）通り」が初めて文献に現れたのは1602年で、その場所は現在のブレンシュルカ（焼けた教会）通りの東側だった。おそらく、その頃にはすでにセーデルマルム地区の北西部にサウナ浴場があったのだろう。ヘリエアンズホルメン〔聖霊小島の意味、現在の国会議事堂があるストックホルム中心部の小島〕では15世紀のサウナ浴場が発掘された。その大きさは5×20メートルで、3つのレンガ造りの炉の基礎が見つかっている。この浴場は、一種の養老院だったヘリエアンズ院の一部で、貧者も富者もともに入浴できた。

　都市部ではあらゆる階層がサウナを利用していた。富者は庭にプライベートサウナを建て、貧者の一部もそれをまねた。また、公衆サウナもあり、これは市の規則で認可された。公認されていないサウナは、どのギルドにも属すことができず、嫌われ者と呼ばれた。サウナを経営し、市に手数料を支払う者はbastugukarl（風呂小屋男）またはbastugukona（風呂小屋女）と呼ばれた。このような公衆浴場にはサウナ浴も温水浴もできることが多く、なかには熱いサウナの中で湯船に浸かれるものもあった。浴室の前には「前室」と呼ばれる脱衣と休憩のための部屋がある。サウナ自体は1室または2室構成で、ストーブとベンチがあり、客はスチームバスを体験したあとに体を洗った。サウナメイドやサウナボーイが衣服や貴重品を管理し、ビールを給仕してくれた。多くのサウナではカッピングや瀉血もおこなわれた。

ストックホルムのバストゥ通りにあった《セーデル浴場》内の「紳士用ターキッシュ・バス」。この写真は1944年に撮影されたが、同じ年にこの伝説の浴場は解体されてしまった。

ロンドンのターキッシュ・バス
（トルコ式浴場）

19世紀のスウェーデンやヨーロッパ大陸ではサウナ文化が衰退していったが、ロンドンなどイギリスの諸都市ではターキッシュ・バスが流行した。ヴィクトリア時代のターキッシュ・バスは本家に似せて東洋風の装飾が施され、おしゃれなソープ皿や貴重な工芸品など、さまざまな高級品で彩られていた。イギリス版ターキッシュ・バス内はかなり乾燥しており、ほてった体を冷やすための冷水浴槽があった。一方、本家オスマン帝国の浴場は蒸気が多く、スチームバスのあとにはバケツなどで体を洗い流した。

　宗教改革の到来とともにその多くが閉鎖されたが、中世にはスウェーデン中の修道院にサウナがあった。たとえば15世紀のヴァードステーナ修道院には木造サウナがあった。遅くとも16世紀以後、荘園主の館、王族の屋敷、城にはサウナが設けられた——おもに紳士用だが、使用人用もあった。王様農場（王家ご用達に選ばれた農場）や小さな荘園のサウナは、ベンチと炉がひとつずつと、お湯や水を入れる容器があるくらいで、それほど目立つ設備はなかった。大きな荘園や城では浴槽を配し、織物を空間の仕切りや装飾に用いるなど、手の込んだ浴場が造られた。

　17世紀にスウェーデンが大国化すると、入浴の習慣が都市化し、上流階級に受け入れられ、やがて豪華な浴場が建てられるようになった。フィンランドでは、このような顕著な発展は起こらなかった——サウナは村人の素朴な楽しみでありつづけ、都会人はそれほどサウナに親しまなかった。

森のフィンランド人とスモークサウナ

　ヨーロッパ大陸ではサウナの評判は下がる一方だったが、スウェーデンでは16世紀末から17世紀にかけて盛り上がりを見せた。なぜならフィンランド、とくにサヴォ地方から「森のフィンランド人」と呼ばれる多くの森林開拓民が移住してきたからだ。彼らは森林を伐採し野火で開墾する代わりに、政府から税金を免除された。最初の入植地は、メーラレン湖周辺とヴェーネルン湖北部の森林地帯、〔ヴェッテルン湖北西部の〕ティーヴェーデン、イェストリークランド地方とダーラナ地方の境界線上、そしてオンゲルマンランド地方だった。その後、森林開拓フィンランド人はヴェルムランド地方、ヘルシングランド地方、メーデルパード地方、さらに国境を越えてノルウェーにも広がった。ダーラナ地方、ヴェストマンランド地方、ヴァルムランド地方にまたがる山間部には、とくに多くのフィンランド人開拓地（フィンマルク）ができあがった。

　最大級のフィンランド人開拓地（フィンマルク）はヴァルムランド地方に点在した。17世紀末には、ヴァルムランド地方だけで6000人ものフィンランド人がいたと推定されている（当時のストック

中世サウナでの健康法。背中をウェット・カッピング〔血を吸い上げるカッピング〕されながら、飲み物を角杯から飲む男性（左側）。
オラウス・マグヌス著『北方民族文化誌』（1555）より。

ホルムの人口の約10分の1）。焼き畑農法により牧草地面積が広がり、18世紀には家畜の数が大幅に増加した。これらの地域ではフィンランド人が多数派だったので、フィンランド文化が盛り上がった。とりわけ無数のスモークサウナが田舎に建てられた。〔スウェーデンに移住した〕森のフィンランド人と牧場のフィンランド人が造った昔ながらのスモークサウナは、今日まで保存されている。18世紀のスウェーデンではサウナ習慣がどんどん廃れていったが、フィンランド人は汗水たらしてサウナ浴にいそしんでいたようだ。

　フィンランド人が移住した地域には、今日でも多くのサヴサウナ〔フィンランド語でスモークサウナのこと〕が残っている。フィンランド人の森の郷協会〔スウェーデン中部の森林地帯の自然と文化を紹介している〕およびフィンランド人の森博物館に勤めるマッツ・エストベリ氏が作成した目録によると、ノルウェーならびにヴァルムランド、ベリスラーゲン、イェヴレボリ、ダーラナおよびノルランド地方中部に200以上のスモークサウナが残っている。移転したり建て直されたりしたものもあるが、大部分はオリジナルの場所にオリジナルの建物のまま存続している。

En rysk eftermiddag i Estland

エストニアの
ロシア風午後

石造りの家は古く、入口で迎える男性も年老いていた。ロッカーの鍵とサウナ帽を受け取る。年季の入った更衣室で休んでいるのもシニアの方々。全裸で木製ベンチに座るか、横になっている。お茶やハーブティーを飲んでいる人も。そして驚きながらも遠慮がちに私を見る。タリンのタルトゥ通りにあるスチームサウナ《タルトゥ・マーンテー・レイリサウン》は、スウェーデンから気まぐれにやって来る客に慣れていないのだろう。ロシア語なら誰でも話せるが、英語が流ちょうな人はいない。案内してくれた風呂番は、身振り手振りで、どうすればいいのか教えてくれた。そこで私は指示どおりに、サウナの前に洗い場でシャワーを浴びた──床はタイル張りで、シャワーの前の壁は板張りという古風なスタイルだ。それから、さっき受け取ったクリーム色のとんがり帽をかぶり、サウナ室へ入った。

　サウナ室自体の壁は暗いが、中庭に面した大きな窓がある。頑丈そうな石段に、まな板のような板がところどころに載っている。ここのサウナはとても熱い。ものすごく熱い。そして気づいた──どうにかして「まな板」に座らないと、お尻を火傷してしまうかもしれない。そばに居たサウナ客が親切にも、手振り身振りで、壁に寄りかからないようにと注意してくれた──触れるだけでもいけないと。それでも、つい脚の裏が石段に触れてしまい、ヒリヒリする。

　しばらくすると肌がほてってきたが、ありがたいことに開いた窓から空気が流れ込んでくる。さらにときおり、男たちがドアを開け、空気をシラカンバの小枝の束（ヴィヒタ）で取り入れてくれる。私にもヴィヒタが手渡されたが、洗い場にたくさんあるアルミ製たらいのひとつにぬるま湯を張り、そこに5分間浸しておくことを、他のサウナ客たちがジェスチャーで説明するまで知らなかった。年配の屈強な男たちが、そのたらいを使って自分に水をかける姿は迫力がある。天井から吊るされている小さな木桶もあり、そこには蛇口から垂

れる水をゆっくり貯めるようになっていた。コールドショック
が欲しい人は、その桶の下に立ち紐を引っ張ると、パワフ
ルな冷水シャワーを一気に浴びることができる。
　サウナ室に戻ると、温度はなんと130度だった。私は濡れた
ヴィヒタで自分を叩いてみたが、入浴客のひとりはそのやり
方が正しいとは思わず、代わりにやってくれた。熱気の中、背
筋をまっすぐに伸ばした私を彼が叩く。まずは背面全体を、
次に前面を。痛みはほとんどなく、むしろ涼しいくらいだ。ヴ
ィヒタの葉が落ち、暗いサウナ室の中にシラカンバの香りが
広がる。サウナのあとは、水温を徐々に下げてシャワーを浴
び、そしてゆっくり休む。体は疲れていたが、心はリラック
スして穏やかだった。

「仕事が終わったらバーニャに行こう！」
ソ連の入浴プロパガンダ、1932年。

その後、このサウナ施設のオーナーであるレネと話すうちに、この施設がエストニア、いやバルト三国で営業中の公衆サウナのうち最古のものらしい、ということがわかった。砂色のレンガを用いた、3階建てのがっしりしたこの建物は、1882年に人間と衣服の両方を洗うために造られた。エストニアの首都のこの地域には工場が多かったが、労働者用住宅は簡素で屋外トイレしかなかった。そこで労働者たちはレイリサウンと呼ばれるスチームサウナに行き、体を洗った。当時は女性用と男性用がふたつずつあり、家族だけで入れる小さなサウナもあった。この他に大きな洗濯室がひとつあった。現在残っているのは、1階の女性用、男性用サウナそれぞれひとつだけだ。サウナの熱源はガスで、3トン以上の黒御影石を温めているとレネは語った。黒御影石は、他の御影石よりも割れにくい。扉や窓を開けてもサウナの熱気がほとんど減らないのは、この大量の御影石のおかげだ。

　1920年代にレネの家族がこの施設を買い取ったが、ソ連時代に国有化されてしまった。1990年代初頭、エストニアが再び独立国家となると、レネはこの施設を取り戻した。

　レネによると、フィンランド語のサウナとロシア語のバーニャは同じものを表しているそうだ。だが、習慣は微妙に違うかもしれない。彼は真面目なサウナ伝道師で、手順やその理由など、サウナ浴について正しく理解することの重要性を強調する。体がほてったあとは徐々にクールダウンすることが大切だ。最初に熱いシャワーを、次にぬるいシャワーを、最後には冷たいシャワーを浴びる。多くの客が水やハーブティーを飲んでいるのは、水分バランスの維持のためだ（施設内でアルコールは禁止されている）。入浴後はサウナの隣の涼しい部屋でゆったりと休む。そのあいだも、すりガラスの窓から日の光が差し込む。

罪と禁止

　ヨーロッパの大都市では、14世紀にはすでにオリエンタル風の浴場が一般的だった。とくにドイツやイギリスで浴場はおおいに人気を集めた。だが16世紀になると、男女が一緒に裸で入浴することは不道徳だと禁止されはじめた。その最大の理由は、社会全体で性病、とくに梅毒の発症が急増したことだ。そのため、混浴は感染の主原因とみなされるようになった。

　18世紀のスウェーデン行政はサウナ浴にますます反対するようになり、ここでも不道徳な点を強調した。国内であれ国外であれ、都市におけるサウナは性的な出会いの場として堕落しており、売春や性病の蔓延を招くと主張したのである。この結果、17世紀末から18世紀にかけて、貴族階級と平民階級の両方で脱サウナ化が進んだ。

　1725年、地方令により、ほぼ全国で公衆浴場でのサウナが禁止された。禁止されたのは入浴自体ではなく施設だったが、それでもサウナそのものを否定することにつながり、その結果、サウナ利用者が減少した。そして、古いサウナも新築サウナも、その使用目的がモルトや亜麻の乾燥、さらには肉や魚の燻製になってしまった。多くのサウナが乾燥場に転用されることは、亜麻を増産したい政府にとって好都合だった。使われなくなったサウナ小屋はこのように重宝された。

　18世紀後半には、フィンランド人が多いヴァルムランド、ダーラナ、ノルボッテン、ラップランド地方を除いて、スウェーデンの農民のあいだでサウナ浴はほとんどおこなわれなくなった。当時はスウェーデンの一部であったフィンランド、それにロシアでも、サウナを撲滅しようという動きがあった。ピョートル大帝（在位1682〜1725）はロシア風サウナに課税し、正教会はサウナを非難した。しかし、期待したほど効果は得られず、ついに教会は転向しバーニャ浴を祝福するようになった。

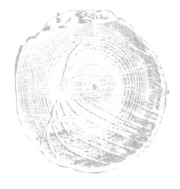

ノルディック・サウナ in USA

1638年、スウェーデン人とフィンランド人（当時は同じ国に属していた）が北米のデラウェア湾に「ニュー・スウェーデン」を設立した際、浜辺にサウナを造ったとされている。だがその後、そこがイギリス領になるとサウナは姿を消した。それでもサウナ建築の技術は生きつづけ、北米のログ・キャビン建設につながったと考える学者もいる。

鉄製ストーブと公衆衛生

　このようにスウェーデンではサウナ浴は著しく衰退したが、それでも18世紀から19世紀初頭にかけて、都市にはかなりの数の公衆浴場が存続していた。サウナの代わりに、健康に良いという触れ込みで沐浴（浴槽に浸かる風呂）を提供するようになったのだ。このような入浴法は、当時流行した「健康的な泉の水」や「ミネラルウォーター」などと同じく、体に良いものとして富裕層にアピールした。

　19世紀の北欧諸国で生じた都市移住の波は、人口過密、不衛生、栄養不良といった大きな社会問題を引き起こした。このことは次第に多くの論者に認識され、やがてサウナはこのような状況のなかで、不潔や過度の飲酒に対するプラス要因として取り上げられるようになった。この時期、北欧の社会生活は劇的な変化を遂げていた。自然科学と医学の地位が高まり、自由主義や社会主義推進派、禁酒運動および一部の独立教会〔国教であるスウェーデン教会に属さない教派〕が悲惨な貧困と、その結果生じる海外移住、人口減少、アルコールの過剰消費と闘おうとした。また、とりわけ芸術や文化において、ナショナル・ロマンティシズムの波が押し寄せていた。サウナやその他の入浴は、このような動きの中で再評価された。とくにフィンランドでは顕著だった。それまではごく当たり前の行為だったサウナ浴は、政治的かつ象徴的な意味を持つようになった。サウナ浴はフィンランドの国民的アイデンティティの一部とみなされるようになったのだ。つまり、サウナといえばフィンランドだと。

　スウェーデンでも19世紀末にかけて、ささやかなサウナ・ルネッサンスが始まった。身体に関する話題は避けられがちで、裸になることへの抵抗も強かったが、同時に、健康的で科学的な身体観を支持する声も増すようになった。そして、スウェーデンとフィンランドにナショナル・ロマンティシズムの波が押し寄せると、その国ならではのもの、オリジナルなもの、北欧的なものが賞賛されるようになった。サウナはまさにそれだった。

1870年代から、キッチンに金属製の薪ストーブが設置されるようになった。その技術はサウナにも適用され、金属製の薪ストーブ（ストーンホルダー付き）と煙突が登場した。これにより空気がきれいになり、サウナの居心地がますます良くなった。さらに火事の危険性も軽減した。フィンランドでは1910年代から本格的な金属製サウナストーブの製造が始まった。

　都会の仕事には重労働で体が汚れるものが多かった。汗と煤まみれ帰ってきても、家には水道がない。庭や屋根裏に桶を置いて体を洗うのが精一杯だった。このような状況のなか、1900年代初頭からフィンランド、バルト三国、ロシア、そして（小規模ながら）スウェーデンでは、急成長する都市に共同サウナが建設されるようになった。労働者住宅と工場は隣接していることが多く、そのような地域に入浴施設が造られた。レンガや石造りの建物の中に、サウナ、洗濯室、更衣室兼休憩室が設けられた。内部は女性用と男性用に分かれていたが、家族用サウナを持つ施設もあった。同じ頃、北欧のホテルも建物内または隣接して入浴施設を造るようになり、そこにサウナを付けることも珍しくなかった。

　スウェーデンでは、知識人、科学者、医師がフィンランドのサウナとその効果に注目していた。同時に、下層階級の劣悪な住環境や不衛生さについての議論は白熱していた。1918年、スウェーデン議会の両院は、「入浴問題の解決」に国家が関与することを支持し、1921年には「あらゆる社会階級の入浴への関心を高め、安価な入浴や洗濯の機会を増やす」ことを目的とする「公衆浴場連盟」が設立された。これは国民の健康と衛生状態の向上のために、いくつかの組織や官庁をまとめた中央組織だった。医療庁〔1968年に社会庁に統合〕、赤十字社、生活協同組合、スウェーデン議会などが集うこの連盟は、雑誌『公衆浴場』も創刊した。

　同じく1921年、年金庁〔1961年に社会保険庁に統合〕は、農村に簡易な入浴施設（それもサウナ付きの）を造るための補助金を精力的に給付しはじめた。病気や「身体障害」の予防が目的だった。この流れで1930年には、11月末の土曜日を「風呂の日」と呼ぶキャンペーンが始まった。

1913年、ヘルシンキのマリアン通りのサウナ。都市部ではサウナがどんどん身近になっていった。

この間、サウナ浴そのものは、多くの健康的な取り組みのひとつに過ぎなかった。この他に、日光浴（ガラス張りの蒸し風呂もあった）、冷水浴、温水浴、あかすり浴（浴槽内でタオルで激しくこする）、冷パック、温パック、泥パック、カッピング、マッサージなども推奨された。

　作家でジャーナリストのルドヴィグ・ノルドストレームは、1937年に10本のラジオ番組を制作し、さらに一冊の本にまとめた。そのタイトルは『ばばっちいスウェーデン』。現代的な社会ルポの先駆となったこのシリーズで、ノルドストレームは国内の衛生状態のひどさに警鐘を鳴らした。この一連の報道は、スウェーデンの住宅政策の欠点に大きな注目を集め、議論を呼び起こした。

　1938年には、全国体育協会にサウナ部門が設立され、スポーツ施設でのサウナ浴を促進した。1950年代に入ってもそれは続いた。医療や社会政策における多くの改革と並行して、スウェーデン国民の衛生状態は大幅に改善された。このようにサウナは、公衆衛生を高めるための重要な手段として、先進的な社会政策の一部となった。

発明と再生

　改革と革新の時代だった1930年代後半、フィンランドで電気式サウナが発明された。ある主婦が「自宅の2階にサウナを設置したいけれど、薪と一緒に切り屑や汚れを持ち込むのは嫌」と考えたことが発端だと言われている。「面倒のないサウナ」を依頼された建設業者は、電気で暖めるサウナを考案した。こうして電気サウナが誕生した。

　改良を重ね、数年後にはニュータイプのサウナストーブが誕生した。熱源の上に金属製のパレットを設け、そこに石を置くのだ。この新しい電気サウナにより、排煙管のないアパート、つまり現代的な賃貸アパートにもサウナを設置できるようになった（現在、フィンランドで最も一般的なタイプのサウナはこれである）。1938年、フィンランド企業のメトス（Metos）が世界に先駆けて電気サウナストーブの工場生産を開始した。

その親父は言った。
「寄生虫なんて知らないね。シラミなんぞ御免だから、
ここでは厳しくやってるよ！昔は、山の人たちが下りてきて
ここに泊まると、シラミを持ち込むことがあって、そういうときは
大変だったがな。今じゃ村中にサウナがあって、
みんなそこで入浴してる。もう10年前からそうだよ。
今日だけで37人の子どもと13人の大人が風呂に入った」

ルドヴィグ・ノルドストレーム著『ばばっちいスウェーデン』より、
衛生状態の改善に関するウッディヤウレ湖畔（スウェーデン北部ラップランド地方）の人々との会話。

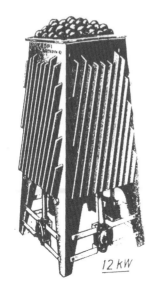

12 kW

「トロピサウナ」
——鋳鉄製のサウナストーブ。1940年代
の広告。

　一方、スモークサウナと薪サウナは、フィンランド全土ならびにスウェーデンの〔最北部でフィンランドと国境を接している〕ノルボッテン地方およびフィンランド人が開拓した土地で、もっぱら生き延びていた。フィンランドの田舎にはサウナ（スモークサウナか薪サウナ）が溢れていると言われる時代だった。農民の80パーセントは敷地内にサウナを持ち、残りの20パーセントも何らかの方法でサウナを使うことができた。だから都市に移住した人たちが、そこでもサウナを求めたのは不思議ではない。だが薪サウナには火災の危険性があること、そして排煙しにくいという問題があり、集合住宅には不向きだった。電気サウナが普及すると、集合住宅の地階にそのタイプのサウナを設置しようという動きが起こるのは自然なことだった。

個人主義と赤外線ヒーター

　20世紀後半のサウナの歴史は、生活水準の向上の物語であると同時に、人と人とのあいだの距離が増大していった物語でもある。サウナ文化の発展は、周囲の社会の発展を反映している。ダンス、合唱、サークル活動、ストリート・イベントといった集団的活動の重要性が低下する一方、ラジオ、テレビ、コンピュータ、広い居住空間、携帯電話、宅配サービスが普及することにより、人はますます家に閉じこもるようになった。公的なものはどんどん私的なものに取って代わられた。

　第二次世界大戦後、電気サウナストーブは何種類も開発された。1950年頃から、便利な小型薪ストーブも電気ストーブも生産量が拡大した。フィンランドでは1950年にハルヴィア（Harvia）社が設立され、おもに小型の薪ストーブを販売していた。スウェーデンでは電気技師のスヴェン＝オロフ・ヤンソンが1949年に自分用に電気サウナストーブを開発し、小さな工房でその生産を開始した。1959年にはハルムスタ市に工場を開設し、そのブランド名を、同市の西に位置する島の名前にちなみティーロ（Tylö）とした。同社の製品はスウェーデン市場で圧倒的な強さを誇り、世界でも有数の企業となった

が、近年ではフィンランドのヘーロー（Helo）と合併している。

　1950年代以降、サウナはアパートにも次々と設置されるようになった。サウナ浴はゆっくりだが確実に、集団生活の一部ではなくプライベートで楽しむものになっていった。現在のフィンランドでは、ほとんどの分譲アパートにサウナが付いており、それなくしては再販が困難になっている。

　1970年代には家の半地下にサウナを造ることが流行した。面白いことに、それ自体がサウナのような雰囲気の娯楽室の中かその隣に。だが結局、多くのサウナは汗をかいてリラックスする場所ではなく、物置になってしまった。

　2010年代に入ると、とくにスウェーデンでサウナへの関心が再浮上した。古い伝統、オリジナルなもの、健康、スパ、運動などを好む時代の精神は、サウナ浴も関連製品の売り上げも再び活気づけた。赤外線サウナとアロマサウナは──ときおりアウフグース（タオルを振りながらおこなうアロマサウナ）と組み合わされ──新しい文化として定着した。

　こうしてサウナは、製品の種類もデザインの選択肢も増え、その結果、集団に深く根づいたものから、より個人的なものへと変化した。小規模の家庭サウナが増え、共同サウナは減少した。皮肉なことに、現代のサウナ人気の根源は、共同体意識を感じられることなのだが。

若い女性たちのヘアスタイルは熱さでも崩れることはない。おそらく1960年代のサウナ広告。

Samman i hettan

熱気の中で一緒に

北欧の1月は日没が早い。薄暗いヨーロッパトウヒの木々と灰色の氷のあいだに積もった白い雪が、この日最後の日の光に包まれている。だがそこへ闇が忍び込んできた。闇はどんどん広がり、やがて森と空が溶け合って暗い輪郭を作る。まるで古い肖像写真の縁取りのようだが、その写真の中心にいるのは人物ではなく凍結した湖だ。

　雪が積もったベンチに水泳パンツ姿で座り、その光景を眺めている。体は湯気を発し、驚くほどゆっくりとしたペースで冷えていく。私の心は解放され、体はリラックスしていた。真冬なのに、ほぼ全裸で座っている。尻の下にある雪と、大きくどっしりしたサウナの建物を背後に感じる。いかにも市営サウナといった、実用的な佇まいだ。派手な装飾はなく、スノッブさからはほど遠い。これぞフィンランドの機能主義。休憩室、更衣室、そして小さなカフェがあるだけ。人々は周りに気をつかいながら歩きまわっている。ここには湿った人たちと乾いた人たちがいる。前者は完全に疲れ果て、汗をかきながら着替えを済ませ、駐車場へ向かう。後者は寒さに震え、これからサウナ室へ向かう。そして、その中間の人たちも。

　ときおり誰かがサウナから出てきて、私の横を通り過ぎ、金属製の階段を下りていく。その先にあるのは、凍った湖に開いた穴と冷水。しばらくして、自分の体が充分に冷えたと感じた私は、もう一度、熱気の中に戻った。サウナ室は広く、両サイドに4段、長いベンチがある。ベンチの下から差し込む明かりは、田舎のコテージでかまどを焚いているような気分にさせてくれる。ハンノキとロウリュ――蒸気、汗、石――の香りが調和する。部屋の中央、つまり段々ベンチのあいだには、熱い石が入った大きな箱がある。

　その大きな箱の前に、高齢者のグループが座っていた。明らかに常連で、部屋の真ん中にあるストーブの周りを占拠している。そこがいちばん気温が低いからだ。信じられないかもしれないが、石が放出する熱は壁に沿って上へ上へと伝わ

り、壁ぎわ最上部の空気が最も熱くなるのだ。

　とはいえ、この公衆サウナでは、誰もが自分に合った場所を選ぶことができる。穏やかな温度を好む年金生活者たちは低い場所に陣取り、あれこれ熱心におしゃべりしている。ハードさを求める人たちは、肌がシワシワになりながらもホットコーナーに居座る。みんなに自分の場所がある。

　私は座りながら両手を首の後ろに回し、熱さの中で首を伸ばしてリラックスする。目を閉じると、フィンランド語、スウェーデン語、イタリア語、フランス語が聞こえてくる。ただ静かに息をするだけの人たち。ささやき声の人たち。面白い小話をする人たち。大声で笑う人。バックグラウンドで聞こえる音は、吐息、汗を拭う手、そしてベンチの上で動く体が作り出している。

　入浴者が来ては去っていく。ベンチが満員になりそうになると、人々は移動する。ベンチから床に座る子どももいる。一時間もすると、ほとんどの客は入れ替わっているが、それでも人々のシルエットは同じように見える。知人も赤の他人も集まってくるこの場は、まるで小さな社会だ。こうして夕方は過ぎてゆく。サウナ、湖に浸かる、サウナ、湖に浸かる……。穏やかだが疲れさせる熱気に包まれたあと、外には目の覚めるような冷水が待っている。

　汗が吹き出し、呼吸が重くなる。凍りつき、悲鳴を上げる。これを繰り返すほどに快感が増していく。やがて、ほとんど止められなくなる。もう一回だけ！　最後にもう一回だけ。

〔フィンランド〕タンペレ、
《カウカヤルヴィ・サウナ》

第2章
サウナと社会

Den kollektiva hettan

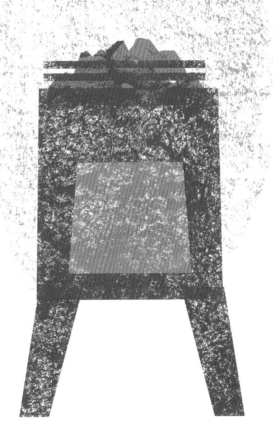

北欧のサウナは、質実剛健で、ストイックで、平和である。多くの場合、周りのひそひそ声を聞きながら、あなたは瞑想状態に入る。サウナでは、セックス、政治、ビジネス、宗教については話さないのが伝統的なモットーだ。サウナを訪れることは教会に入るようなものだ。ある意味、そこも神聖な場所なのだから。

この純粋な理想——北欧だけでなく世界中に息づいている——もまた、平等を促進する。サウナは、リスペクトと平等の場なのだ。先に述べたように、北欧の農耕社会におけるサウナは、教会と同様、特別な法的地位を与えられた。サウナで犯罪行為をすると、特別に厳しく罰せられた。サウナに暴力を持ち込むなど、とんでもない話だった。同様に、サウナは伝統的に社会的地位の面でもフリーゾーンだった。サウナに入ると、服装や日常生活の汚れやほこりから解放されるだけでなく、服装が示す社会階級からも解放される。サウナでは誰でも平等だと人々は言い、理想的にはそうだった。サウナの熱気の中で、階級や地位の差はどんどん溶けるのだと。

とはいえ現実には、ヴァイキング時代から領主などの位の高い人々は特別に豪華なサウナを造っていた。また、城の中でも使用人用のサウナと領主用のサウナは別だった。このようにサウナの歴史にはさまざまな階級差が存在していたし、これは現代のサウナ文化にも見出すことができる。たとえば、大都市にある多くの高級スパの料金は高く、また会員資格に制限を設けるなどしている。これらが社会的選別につながることは間違いない。昔はもっと庶民的だった浴場がどんどん改装され、料金も高くなり、エリートのものになっていくのを見るのは悲しいことだ。

フィンランドサウナ協会の眼鏡掛け。

現実には階級差があるとはいえ、サウナは平等の場であるという考えは歴史を通じて繰り返され、さまざまな形で表れてきた。牧師が信徒たちと一緒にサウナに入るとか、時代が下ると工場の職長が労働者と一緒に入浴するなどの事例もあった。また、20世紀後半に建設された北欧の無数の公営浴場（その多くは現在では民営化・商業化されている）は、誰にとっても望ましい清潔さと公衆衛生を目的とする進歩的な社会建設の一部だった。

サウナ文化が、世界でもとくに平等で公平な社会であった北欧で、根強い人気を誇ってきたのは偶然ではないだろう。政治研究によると、スウェーデンの農民階級は早い段階で比較的高い自由度を享受し、少なくともいくつかの時代には女性も比較的強い地位を占めていたそうだ。スウェーデンでは概して貴族が弱く、農民が早くから政治的権力を握っていた。また、大陸に比べ、独立農民の割合が多かった。義務教育制度が始まるはるか以前の17世紀でも識字率は高かった。そして、伝統的にサウナ文化が最も強く根付いていたスウェーデン北部では、貴族は存在しないか、いたとしてもその権力は非常に弱かった。またスウェーデンでは万人に適用される成文法の導入が早く、独立した官僚や議会、教育制度や識字普及の歴史も長い。私の考えでは、相互理解と対話を重視する社会がサウナに適していたのだろう。北欧、とくにスウェーデンとフィンランドでは合意が大切だという意識が近年ますます高まっており、それゆえサウナで裸になって共通の時間を過ごすことを好ましいと捉えている。

とはいえ、現実はそれほど単純ではない。サウナ文化をジェンダーの視点から見ると、多くの場合、家父長的であると同時に家母長的な特徴がある。また、いつの時代も粗末なサウナと豪華なサウナの両方が存在していた。さらには、協同組合形式で運営するサウナでは高齢者が若者に対し支配的であるとか、常連客が他の客を押しのけるなど、目に見えないヒエラルキーが存在している。協同組合形式のサウナには、ときおり「サウナ奉行」がいることがある。彼ら彼女らは、話題にしてもいいこと、裸でいいのか水着を着用すべきか、どのタイミングで石に水をかけるのかなど、自らが「規制すべ

雪のそばで、ほてりを冷やす。タンペレ、《ラヤポルッティ・サウナ》。

し」と考えたことを細かく指示する。男であれ女であれ、このようなサウナ奉行がいると、気持ちのいい汗をかくという楽しさやくつろぎは、あっという間に蒸発してしまうだろう。

　そんな事例もあるが、それでもサウナが平和な空間と言われるのは、必ずしも入浴客が黙って座っているからではない。会話や笑い声が弾むこともある。フィンランドのサウナで政治やビジネスの話が盛んにおこなわれているのはご存じのとおりだ。社長やビジネスマン、労働組合のリーダーたちは、昔からロウリュの中で交渉し議論してきた。と言ってもたいていの場合、そこでおこなわれていたのは激しい討論ではなく意見の違いを埋めるためのものだった。サウナは教会のようなものと表されることがあるように、そこは厳しい監督者もおらず強制的な儀式もないクエーカー教徒の集会所と同じく、各自の思いで信仰を実践できる場でなければならない。蒸気の中に相互の思いやりが漂うべきなのだ。

反体制的サウナ

　サウナはさまざまな視点から見ることができる。人文科学の過激な解釈では、サウナは反体制的だという——少なくともそこで社会批判ができるからだと。人々が自由と解放を感じられるオアシスとして、サウナはガス抜きの機能を有しているのかもしれない。

　サウナは、その静けさゆえに教会にたとえられることがあるが、その平等指向からはカーニバルに似ているとも言える。中世カトリックの国々ではクリスマスやイースターの前に断食をする習慣があった。その断食前のお祭りがカーニバルだが、起源はさらに古代ローマやビザンツ帝国にまで遡ることができる。今も昔も、このような祭りでは通常の社会的役割や規範が一時的に消失する。カーニバルの期間中には世界がひっくり返り、権力者をからかうことや、さらには侮辱することまで許された。子どもや若者、またはいわゆる愚か者が王として戴冠する一方で、行政長官や高位の聖職者などの権力者は歌で侮辱されたり、こっけいな帽子などを被らされたりした。やがてカーニバルは、ヒエラルキーの消失を特徴と

する各種の大衆的な祭りやパレードを指す一般的な用語となった。今日でも、とくにカトリックの国々では、カーニバルにこのような特徴が残っている。

　確かにサウナはカーニバルに似ている。どちらもある種の儀式があり、それにより参加者は、通常の社会的役割が消失したフリーゾーンに入る。人類学者は、サウナを「リミナリティ」（儀式研究において、ふたつの通常の状態のあいだにある宙ぶらりんの状態や段階を示す用語）の観点から説明することがある。このような宙ぶらりんの段階に入ったり、あるいは出たりするために、儀式ではさまざまな象徴的行動をおこなう。サウナにおいて発汗浴の前後に体を洗うことは、ある特定の状態——サウナ独特の開放感——に入るため、そして脱するための行動だと見ることができる。

　サウナでの会話を精神分析にたとえる人もいる。日常会話に付きまとい集中力を邪魔するもの——身振り、表情、服装、社会的役割など——が取り除かれているからだ。そのホットルームではベンチに並んで座ることが多いため、互いの顔を見ることなく会話できる。その結果、言葉がより純粋かつ明瞭に感じられるようになる。

　サウナ利用者の多くは入浴後に「頭がすっきりした」「リラックスした」「生まれ変わったみたいだ」など、心境の変化を語る。この感覚は、自分自身や自分の置かれている状況、ひいては社会、人生全体を見直すきっかけになる。

　フィンランドにはこんなジョークがある。「フィンランドの男性はもの静かだ。熱々のサウナに見知らぬ人たちと一緒に座っているとき以外は」。ひょっとしたらこれも、人間を変化させるサウナの力を裏付ける証拠になるのではないだろうか。

　服を脱ぐこと、熱気、日常の雑念からの解放、静かな会話——こうして人は、身体だけでなく内面的にもサウナでリフレッシュできる。この特別なひとときは、自分の人生や周囲の人々を新しい視点で、つまり、いつもより冷静で思慮深く見るきっかけとなる。

罪深いサウナ

　だが、まったく別種のサウナ、つまり教会とは縁遠いサウナも存在する。世界の多くの地域で「サウナ」と書かれた看板が意味するものは、静かに汗を流す場所ではない。表向きはビューティサロンやマッサージパーラー、美容院、はたまた歯科医院かもしれないが、とにかくそこが提供するのはサウナではなく、実態は売春宿やセックスクラブであり、とくにゲイ志向であることが少なくない。

　真のフィンランドサウナは、「罪深い」サウナが支配的な地域でも人気上昇中だ。「堕落した」サウナが数多く残っているのは、ラテンアメリカ、米国、英国、ヨーロッパ大陸の多くの地域、アジアの多くの都市など。そこでは性欲をそそる亜種サウナが幅をきかせているため、純粋なフィンランドサウナを紹介しようとする企業家は、人々の偏見を解消しサウナへ来てもらうのに苦戦するかもしれない。世界の多くの地域で、サウナは大きく3つのカテゴリーに分けられる。1）セックスとは無縁のフィンランドサウナは、国際的ホテルや高級ジムに併設されることが多い。2）ゲイの出会いの場としてのサウナ。3）売春宿。たとえばブラジルでは、男性やトランスジェンダーの売春が盛んだ。アジアなど他の国々では、女性のセックスワーカーがいる売春宿が一般的だ。

　サウナという空間がさまざまな性的な行為の場となることは、ポルノにも表れている。書籍、雑誌、映画において、サウナポルノは強力なサブジャンルである。『Girl in the sauna（サウナの女の子）』『Cleaning in the sauna（サウナでクリーニング）』『Secret of the gay sauna（ゲイサウナの秘密）』『Hot sauna（ホットサウナ）』といった控えめなタイトルから、『Jocks Share Showers With Touches and Mustachioed Men Who Prance Like Pine-Scented Ponies（運動選手たちがタッチしながら一緒にシャワーを浴びるのは、松の香りのする小馬のように跳ね回る口ひげをはやした男たち）』のような凝ったタイトルまで各種そろっている。バリエーションは無数にある。なかにはコンドームを着けてサウナでセックスすることをテーマにした映画まである。

サウナの多くが歴史的に男女別であったことが、同性愛を
テーマにしたポルノの多さにつながっているのは確かだろ
う。同じことが、男子校や女子校、軍隊、船舶など伝統的に
単一の性しかいなかった環境にも当てはまる。

　1960年代後半から1970年代にかけて、一般的な性の解放を
背景に、西側諸国ではよりオープンな同性愛の自由を求める
運動が広がった。サウナクラブはゲイ同士の接触の場として
一般的になっていった。なかにはスウィンガーズ・クラブも
あった。ところが1970年代後半から1980年代にかけてHIVが蔓
延したため、1987年のいわゆるサウナクラブ法に基づきスウ
ェーデンのサウナクラブは禁止されることになった。クロー
ズドであっても性的出会いを促進するものは対象になった。
だが振り返ってみると、この法律には効果がないと考える人
が多く、2004年に廃止された。

Sällskapets sauna

サウナ協会

ヘルシンキ空港からの道中、私は少々興奮しながらエレガントかつスノッブな気分に浸っていた。これから向かうのは、おそらく世界で最も人気があり、最も考え抜かれたサウナ施設なのだ。《スオメン・サウナセウラ》すなわちフィンランドサウナ協会に到着すると、喜びとくつろぎに包まれる。協会はヘルシンキ郊外の多島海に面したヴァスキニエミ浜にあり、シンプルな本館の壁は白く屋根は赤い。黒い壁をしているのは拡張した部分だ。いかにもフィンランドらしいスタイルで、こだわりがあり、機能的で美しいが、お高くとまったイメージはない。

協会のアクティブメンバーのひとりで「サウナシェルパ」の愛称で親しまれているキンモ・ライティオが出迎えてくれた。キンモはカステー（Kastee）というサウナ器具製造会社を経営しているが、積極的に旅行してさまざまなサウナを試している。彼はサウナに詳しいだけでなく思いやりもある。きっと私たちのタンペレへの旅にも付き合ってくれ、ガイドしてくれるだろう。

フィンランドサウナ協会では、ダイナミックな入浴を長時間、体験することができる。スモークサウナが4つ、薪サウナ（あらかじめ火を焚いたあと、暖かさを保つ）がふたつ、電気サウナがひとつある。毎年、トン単位の石と膨大な量の薪を使用する。施設全体で60～70人の入浴客を収容できると言われている。

温度の低い順にサウナに入る。いちばん低いところで70℃、高いところで110℃だ。使い込まれたホットルームではアロマの香りが素晴らしく、静かでゆったりとした雰囲気が漂う。石から立ちのぼる水蒸気のやわらかな波「ロウリュ」が、体を優しく包んでくれる。

中温のスモークサウナの中で年配の利用者のひとりが「ここでは新聞は読めませんよ、スウェーデンとは違ってね」とニヤニヤしながらお約束のコメントをしてくれた。つまり、スウェーデンのサウナの多くはドライサウナなので、新聞紙が濡れて破れることはないでしょう、という意味なのだ。私

はいつも、最近のスウェーデンのサウナは湿気が高いですよと説明することにしているが、それでも古いイメージはしぶとく残っている。だが、そこにも一抹の真実はある。キンモの説明では、フィンランドでは人々が順々に石に水をかけることによってサウナ浴のリズムが生まれるという。ロウリュの効果が弱まるので、石に水を注いだ直後にサウナから出てはいけない。フィンランドのサウナ浴は、大雑把に言うとダイナミックでリズミカルだ。スウェーデンのサウナ浴はもっと静的で、時間も少し長めだ。

この協会はフィンランドサウナの伝統を守るために1937年に設立され、会員数は約4400人。ここでの入浴が求められてはいるものの、あまり足を運ばずに賛助会員になっている人も多い。浴場は日によって男女別に分かれる。協会は、季刊誌『サウナ』の発行や、セミナーやシンポジウムの開催もおこなっている。会員の顔ぶれは、大臣などの政府要人から一般のサウナ愛好家までと幅広い。

サウナ浴のあと、私たちはカフェテリアに座った。明るい木目が美しく、中央には暖炉があり、希望すればサウナソーセージを焼くことができる。昔ながらのガラスケースの中には、キャベツサラダやマリネした魚（ホワイトフィッシュやニシン）のサンドイッチが鎮座している。また、カウンターの上にはフィンランドならではの器具、ソーセージスチーマーがある。表面を焼かないのでジューシーにソーセージを温めることができ、これに刺激の強いフィンランド製マスタードをつけて食べる。

サウナと政治

　サイレントかつ不明瞭なその1970年代のショートフィルム
には、全裸のウルホ・ケッコネンがふたりの熟練サウナマダ
ムに泥の中に埋められる様子が映し出されている。夏至祭の
頃に泥に包まれるのはフィンランド大統領にとって恒例の儀
式だった——もちろん、その後のサウナ浴も。

　この場面は、当時の肉体に対する視線がいかにシンプルで自
然なものであったかを物語っている。そして、いかにもフィン
ランドらしい政治とサウナの濃厚な関係も明確に示している。

　確かにサウナでは政治を語らないことが多いのだが、常に
そうとは限らず、とくにフィンランドでは外交においても国
内政治においてもサウナは重要な役割を担ってきた。

　北欧では、睡眠、食事、仕事と同じように、サウナ浴は日
常生活の一部として昔から当たり前のことだった。農村の小
さなサウナ小屋でも、都会の浴場でも、発汗浴は清潔を保ち、
リラックスし、体を休める方法だった——しばしば激しい肉
体労働のあとで。調査によると、北欧の農耕社会のサウナは、
何らかの民族アイデンティティとは結びついていなかった。
しかし、集団や利害関係者をまとめる方法としては有効であ
った。村のサウナは、肩ひじ張らずに地域の問題を話し合い、
対立を解消できる場所だった。

　宗教改革までは農村でも都会でも、ギルドが一般的だった。
ギルドとは、人々が互いに支援や保護を約束する一種の協会
や友愛会のこと。ギルドには宗教的な色合いがあり、特定の
守護聖人と結びついていることが多かったが、政治的にも重
要なファクターであった。ギルドは会員のために傷病手当や
葬儀費用を集め、パーティを企画し、自分たちの会館を所有
することもあった。サウナを設置することも珍しくなく、と
くに都市部では、レンガ造りの煙突や創意を凝らした換気装
置などがあり非常に洗練されていた。隣接する部屋ではパン
焼きや料理ができた。宗教改革の際、支配者がより大きな政
治権力を握ろうとして、ギルドを禁止した。多くの浴場は、
個々の民間人によって運営されることになったが、それでも
政府の監督を受けていた。

フィンランドのアイデンティ

サウナがより明確に政治的になったのは19世紀のフィンランドだった。1808年から1809年にかけてのロシアとスウェーデン（当時はフィンランドも含まれていた）の戦争とその後の和平交渉を経て、フィンランドはスウェーデンの一部からロシア帝国の一部となった。だが、大幅な自治権を有していたことから、次第に独立への願いが強くなっていった。フィンランド語は（スウェーデン語とともに）国語として認められた。政治家と知識人が政治運動を展開するなか、サウナを中心にナショナリスティックな物語が生み出されていった。芸術や文化の世界でも、サウナやシス〔フィンランド魂とか不屈の精神といった意味〕、フィンランド語が肯定的に強調され、ナショナル・ロマンティシズムが形成された。

エリアス・レンロートは、古いルーン文字や口承による民話をもとにした壮大な詩『カレウラ』を編纂・編集した。1835年に初版が発行され、1849年に第2版が発行されたこの作品は、サウナをフィンランド的かつ神秘的なものとして描き、フィンランドのアイデンティティの拠りどころとなった。

つまり、発汗浴やサウナ小屋は国内の伝統だけから生まれたのではなく、スウェーデンやロシア、中央ヨーロッパの影響を受けていたにもかかわらず、サウナはフィンランド独特のものだと表現したのだ。

19世紀には、これが国民感情と完全に結びついた。同時に、フィンランドのサウナは、構造面でも入浴面でも、以前より独特なものになった。明るい木製サウナが好まれるようになり、ロシアのバーニャによくある石や漆喰を使った暗い壁のサウナは敬遠されるようになった。そして、フィンランドのサウナは蒸気がもうもうと立ち込めるべきだと言われるようになった——すなわち、良いロウリュを出すようにと。シラカンバの枝で体を叩く習慣にも新たな目が向けられた。ロシアやバルト三国のサウナ文化では、枝の束は他の種類の木で作られ、その使用方法も異なることが多かったので、これは「フィンランド独自の文化」を強調するひとつの手段となった。

19世紀以後、フィンランドのナショナリズムとサウナ、シス、フィンランドらしさの結びつきはより強くなった。そして、激動のロシア革命期のさなか、1917年にフィンランドは独立を宣言した。この新しい国家は、サウナをフィンランドのアイデンティティの中心的なシンボルとして位置づけた。理由がなかったわけではない。当時のフィンランドは世界でも有数のサウナ大国で、農村には無数のサウナがあり、都会では公衆浴場が増えていた。集合賃貸住宅ではお湯が出ないので、体や服を洗うためには半地階のサウナルームまで行く必要があった。サウナストーブは頑丈な板金製で、燃料はたいていガスだった。

　フィンランドでは20世紀前半にサウナが近代化・活性化された。公衆サウナは、昔のサウナがそうであったように、人々が互いに知り合う交流の場となった。またサウナは、1930年代の公衆衛生向上の原動力でもあり、当時ヨーロッパ広域で盛んだったヌーディズムに参加する人たちにもアピールするものだった。

戦争とサウナ

　悲惨な戦争が何度かあっても、フィンランド文化におけるサウナの地位は揺らぐことはなかった。リスト・リティの大統領時代（1940〜1944）には、〔1940〜1982年まで大統領官邸があった〕タンミニエミ内のカリオ邸にサウナが造られ、フィンランド銀行役員会などの定例会議が開かれた。彼のあとを継いだのは、ロシア帝国で元帥を務めた伝説の人物、グスタフ・マンネルハイムだった。マンネルハイムはサウナを政治的な会合の場としては使わなかったが、習慣と健康を重んじた彼は毎週土曜日になるとサウナに入り、その後、湖で泳ぐのを楽しんだ。フィンランド冬戦争（1939〜1940）と継続戦争（1941〜1944）では、リティとマンネルハイムの指揮の下、塹壕に隣接し一部が地中に埋まった兵舎、いわゆるコルスが建てられた。そこには寝室だけでなくサウナもあった。

　第二次世界大戦中のフィンランドの3度めの戦争であるラップランド戦争（1944〜1945）では、ドイツ軍はフィンランド人をまねて兵士のノミを取るためにサウナを利用した。同

じ頃、ドイツではサウナまでも人種差別思想に取り込まれた。親衛隊全国指導者として悪名高いハインリヒ・ヒムラーは、アーリア人の優越性に関するさまざまな奇説を証明するために、チベットやラテンアメリカなど世界中に調査団を派遣した。1936年、フィンランドの考古学者ユリョ・フォン・グレンハーゲンとドイツの音楽学者フリッツ・ボーゼが率いる調査団が、古代北欧の儀式と習慣を調べるためにカレリアに

フィンランドの軍隊では、15時間で100人以上の兵士のノミを駆除できた。セムチェゼロ、1942年。

渡った。そこで彼らは、92歳のシャーマンにして魔術使いであるミロン・アクを探し当てた。彼らが到着したときにキノコを採っていた彼女は、「あんたたちが来るって幻で見たよ」と言い放った。また、先祖の呼び寄せや予言などの儀式もおこなわれ、その様子が撮影された。調査団はサウナの儀式も記録しており、フィンランドから報告を受けたヒムラーは、親衛隊の主任医師に対し兵士の発汗浴を勧めたという。しかし、これが実現したかどうかは不明である。ヒムラーの日記によれば、彼自身もベルリンでときおりサウナに入っていたようだ──その頃、彼の部隊はスターリングラードの攻防で寒さに苦しんでいたのだが。

フィンランドは戦争中、軍隊サウナを使って衛生と士気を保った。

サウナ外交

　戦後初のフィンランド大統領ユホ・クスティ・パーシキヴィは、ウルヤラ村のスモークサウナで生まれた。彼の政権時代（1946〜1956）〔首相時代も含む〕には、世界中のフィンランド大使館にサウナが造られるようになった。完成すると、諸外国の外交閣僚・官僚がベンチに座るよう招待された。

　記念碑的政治家ウルホ・ケッコネン（1900〜1986）は、自分もサウナで生まれたと主張した。それを裏付ける資料はないが、ありえないことではない。彼の世代の多くは、そこで産声を上げた。1956年から1982年まで大統領を務めたケッコネンは、サウナ外交を真にホットなものにした。このモデルは大使館を通じて世界中に広まり、とりわけヘルシンキにある大統領官邸と夏の邸宅クルタランタでのサウナミーティングは大きな話題となった。15人ほどが同時に入浴できるこのサマーサウナは、ケッコネンが大統領就任初年に注文して造らせたもので、現在でも使用されている。

　秋、冬、春のサウナは、ケッコネンの在任中まで大統領官邸だったヘルシンキ北西のタンミニエミ邸でおこなわれた。大統領就任と同じ年に、木材を使ったビーチサウナを建てさせた。フィンランド国会にも豪華で広々としたサウナがあり、そこでも多くの政治家と汗を流した。ケッコネンの戦術は、合意に達するまでサウナにいることだった。

　まだ国務大臣だった1950年代初頭、ケッコネンはすでにモスクワ郊外のさまざまな共産党施設のバーニャに出入りし、ソ連の指導者になる前のニキータ・フルシチョフに会っている。1953年のスターリンの死とその後の権力闘争の末、フルシチョフは1958年に首相となった。これはケッコネンがフィンランド大統領になった2年後のことである。ふたりとも国家元首になると、サウナでの会合が定期的におこなわれた。フルシチョフの機知に富んだ発言のひとつは、ケッコネンと一緒にサウナ浴をしていた1957年のものだ。ドイツの将来とその老齢の首相が話題になったとき、ソ連の指導者はこう言った。

　「もしアデナウアーがこのサウナに入れば、ドイツが分裂

していること、そして分裂したままであること、さらにドイツが再び台頭することはないことを自分の目で見ることができるのだがな」

　1960年、フルシチョフはケッコネンの還暦祝いに出席し、ケッコネンのプライベートサウナで長時間の入浴をした。その直後、ソ連政府は「フィンランドが西側諸国と協力することに反対しない」という声明を発表している。共産主義世界の最高指導者が、小さなフィンランドに頭を下げたという事実は、当時は非常に注目され、フィンランド大統領の巧みなサウナ外交の成果だともっぱら解釈された。フルシチョフはその後、政界から批判を受けたと、彼の息子は伝記の中で語っている。ケッコネンのサウナを訪問するなんて、ソ連の指導者にふさわしからぬと。しかし、フルシチョフは「私は体を洗うためではなく、フィンランド大統領と秘密裏に交渉するために行ったのだ」と答えた。

　しかし、ソ連政界からの批判は収まらなかった。数週間後、ケッコネンはソ連の指導者に電話をかけ、本物のフィンランドのサウナをプレゼントしたいと申し出た。しかも、そのサウナをフルシチョフの好みの場所に建てたいので、専門家まで派遣するという。この申し出にKGBは緊張した。フルシチョフの夏の住居に部外者が出入りすることを嫌ったのだ。何度もやりとりしたのち、フィンランド側はサウナの建築許可を得たが、材料を目的の場所に運ぼうとしたところストップがかかった。フルシチョフは再び介入し、KGBトップのセロフを叱り飛ばした。

　「フィンランドの地獄のようなあの場所で、面白半分に湯だっていたとでも思っているのか。俺は隣国の指導者と個人的な関係を築こうとしたんだ。あれはちっぽけな国だが重要だからな。それなのにお前は今、すべてを台無しにしようとしている！」

外交の基本設備

「サウナは、世界中のフィンランド外交にとって欠かせない存在です。サウナはフィンランドブランドの一部であり、何十年ものあいだ政治や貿易の意思決定の場で活用されてきました。ほぼすべてのフィンランド大使館にサウナがあり、現地の意思決定者との関係を築いています。サウナはフィンランド大使館の基本設備の一部なのです」
ペルッティ・トルスティラ（元外務大臣）

Badtanter
och soldater

お風呂おばさんと
兵隊さん

「小さい頃、家族全員でヘルシンキの中心部クルーヌンハカにある公衆サウナに行きました。私たちが住んでいたオイコ通りの建物ではまだお湯を使うことができなかったんです。サウナには、白いワンピースを着たお風呂おばさんがひとりいました。彼女はヘチマで私たちを洗ってくれました。それからシラカンバの枝を燃やすサウナに入り、儀式みたいに熱い石の上にひしゃくで水をかけました。父は継続戦争（1941年〜1944年）に出兵しました。さまざまな戦争で、兵士たちはコルスの中にサウナを造ることがよくありました。コルスというのは塹壕から少し離れたところに建てられる、一部が地中に埋まった簡素な小屋のようなものです。そこで男たちは体を洗い、休息し、暖を取りました。

戦後、父が退役軍人に与えられた一区画に初めての家を建てましたが、小さすぎてサウナはありませんでした。けれども父はサウナ付きの大きな家の土台を造り、1950年代後半に完成させました。薪で焚くサウナで、お湯を使って洗濯する大きな洗濯桶がありました。サウナには、たぶんマツの木で作ったベンチがありました。それから洗濯室と更衣室も。洗濯室には、のちに洗濯機も置くようになりました。

スウェーデンに移住して自分で家を建てたフィンランド人は、たいていサウナも造りました。私の両親はイギリスに移住し、ブライトン近郊のオーヴィングディーンにあるバンガローにミニサウナを造りました。

ストックホルム郊外各地に住むフィンランド人は、高層住宅にサウナを設けることにしました。彼らは集まってサウナを運営し、1週間のスケジュールに従って入浴しました。今でも残っているところがあります。〔ストックホルム県〕イェルフェラ市のフィンランド協会ヴァルトゥネートは、自治体が貸している集会所にサウナを造り、運営費用を負担しています」

語り手　カリタ・ヴァルマン・ラーション

ブッシュ・シニアと
無言のレッスン

ジョージ・ブッシュ・シニアは副大統領時代の1983年に〔当時フィンランド大統領だった〕コイヴィストにサウナに招かれた。そのとき、たまたまふたりきりになった相手がフィンランドサウナ協会の会長ハラルド・ティエールだった。彼らはしばらく座ったまま静かに汗を流していた。しばらくしてブッシュが尋ねた。
「フィンランドサウナの講義はいつやるんですか？」
「もう始まっています」
とティエールは答えた。
サウナに再び静寂が訪れた。

　こうしてフィンランド側は、開放型暖炉のある休憩室を備えた、木製の明るい壁（ロシアのバーニャは石造りの暗い壁が多い）を持つキャビンを造った。フルシチョフは、一度はそのサウナを見て回ったが、決して使うことはなかった。「サウナとバーニャは父親に貧困と混乱の時代を思い出させるからだ」と息子は語る。炭鉱夫として働いていた時代、バーニャで体を洗うのが義務だった。ところで息子とその友人たちはそのサウナをちゃっかり自分たちのものにし、柔らかい木材と樹脂の香りがする明るい色のサウナをおおいに楽しんだ。

　ケッコネンはかつて、サウナで問題を解決するのは簡単だと豪語していた。サウナでは誰もが平等なのだと。大きな権力もなければ、上司も使用人もいない。またケッコネンは、サウナでの約束はたいてい信用できると主張した。裸の状態で合意すれば、その約束を反故にすることは難しいのだと。だがもちろん、サウナは排他的でもあった。そのインフォーマルな性格から、そこでの会合は人を排除する手段にもなりえた。何よりも女性を排除した。サウナ浴は、シス〔フィンランド魂〕、スキー、スポーツ全般がそうであるように、ある種の――非常に男性的な――フィンランドの理想のひとつだったのだ。

　1978年、ソ連の国防大臣ドミトリー・ウスチノフは、フィンランドとワルシャワ条約加盟国との軍事協力の緊密化を図るため、フィンランドを訪問した。サウナでの会談で、ウスチノフはソ連軍とフィンランド軍の共同作戦を提案した。ケッコネンは、この提案はフィンランドの中立とは相容れないとして、熱い石に何度も水をかけながら拒否した。サウナの中で、ただひたすら自説を展開した。そしてソ連は渋々ながらもそれを受け入れた。

　クレムリンは、ケッコネン時代のKGB諜報員がどんどんフィンランド化していくと嘆いていた。フィンランド語を流暢に話し最長30年もそこで働くと、ついには外見も服装も振る舞いもフィンランド人のようになってしまった。ケッコネンとKGBの関係についての本から引用すると、彼らの特徴は「もの静かで、でしゃばらず、おっとりとしている。サウナやスキー、深酒、おまけにフィンランドの天気さえも楽しむ」の

である。

　サウナへの招待は、必ずしも好意的に取られていたわけではなかった。1970年代にワルシャワにあるフィンランド大使館を訪れたユーゴスラビア派遣団は、サウナの前室で服を脱いでくださいと言われた。彼らはサウナがどんなものだか知らなかったが、ここで逃げるのはどうかと思い、ほとんど全部脱いでしまった。サウナの雰囲気は良かったらしいが、ユーゴスラビア人たちが外へ出てきたとき、そこには一部始終を撮影していたフィンランドのTVクルーがいた。外交官のひとりは、テレビで放映予定のフィルムのコピーをもらえないかと頼んだ。そうでもしないと、誰も自分の話を信じてくれないからと〔イスラム教では人前で裸になることを禁じているため〕。

　ケッコネンの後任で、1982年から1994年まで大統領を務めたマウノ・コイヴィストは、サウナにはそれほど熱心ではなく、個人的にはバレーボールのほうを好んだ。しかし、やはり仕事でサウナを利用した。外国の外交官をサウナに招待し、毎週の閣僚会議はたいてい男性大臣たちの発汗浴で締めくくられた。ときには記者会見も熱気の中でおこなわれた。コイヴィストは、サウナで集会をすることにより女性を排除していると批判された。

　1990年代初頭、エリザベト・レーンがフィンランドの国防大臣に就任すると（女性として世界初の国防大臣だった）、サウナでの安全保障政策討論の廃止を宣言した。政治（それにセックス、宗教、ビジネス）については議論しないことがサウナの一般的ルールなので、この発言は驚くにあたらない。

　「私は裸ではなく服を着たまま決断するのが好きなのです」とレーンは説明した。「ノートを手元に置くことができますし、その場にいる全員が決定事項を理解できますからね」

　もちろん、この伝統の変更は、メモを取る必要性（そしてこの発言が示唆するように、禁酒の必要性）だけでなく、政治サウナはそれまで男性のみが参加でき、女性を排除していたという事実にも基づいている。エリザベト・レーンはこの慣習を覆し、政府内の全女性大臣を閣僚サウナに招待した──ただし公式な議題はなく、メモを取る人もいなかった。

ケッコネン大統領は、タンミニエミ官邸のサウナで何度もミーティングをおこなった。1956年、さまざまな関係者と。

コイヴィストの次の大統領であるマルッティ・アハティサーリ（国際紛争の調停者としてノーベル平和賞を受賞した）は職業柄、熱心なサウナ入浴者だった。たとえば1974年にはアハティ・カルヤライネン外務大臣とともに、東アフリカで現地の指導者たちとサウナに入った。アハティサーリは、ナミビアやタンザニアでもサウナミーティングをおこない、その後はインドネシアやニューヨークなどでもサウナを活用した。暑いアフリカでサウナに入るのはどんなものかと尋ねられると、サウナから出ると急に空気がひんやりして気持ちよく感じるとアハティサーリは答えた。

このように、サウナ外交はフィンランド政治史の中で繰り返されてきた。ときには批判を浴びながらも、この外交は今後も生き残るだろう。フィンランドのすべての大使館、大使公邸、領事館には、少なくともひとつはサウナがある。とりわけ在ワシントン大使館のように、政治家や外交官、ジャーナリストを湯気と熱気の中に招き入れ、ネットワーク作りに活用しているところもある。サウナ客の多くは、最初は体にタオルを巻いているが、サウナの照明が控えめで、蒸気が立ち込めていることがわかると、だんだん気にしなくなるそうだ。2000年から2012年まで在任した女性大統領タルヤ・ハロネンは、フィンランド人にとってサウナがいかに大切なものであるかを強調した。シス、フィンランドの自然、平等、教育、連帯とともに、サウナはフィンランドらしさを表現するものだと言う。

フィンランドがサウナを利用するのは、米国政府との関係を築くためだけではない。エジプトやアフガニスタンなどの紛争地域にフィンランドの平和維持軍が赴く際、サウナを建設することがよくある。たとえばシナイ砂漠では、フィンランド兵が約30のサウナ小屋を建設した。現地に駐在していたフィンランドの外交官アンネリ・ハロネンはこう回想する。フィンランドの士官が「これがサウナです」と説明すると、エジプト人とイスラエル人は笑い出した。「この暑さの中で！」

労使の代表がサウナで交渉したことは何度かある。有名なのは1970年代、深刻な不況に対処するため賃金抑制の合意に達したことだ。ビジネスを話題にするなというのがルールであるにもかかわらず、フィンランドの財界では多くの非公式な会議がサウナで開かれてきた。同様の会議は軍や学界でもおこなわれていたし、現在も続いている。

　スウェーデンでも社会民主党の長期政権時代にサウナが政治利用された。ハルプスンドの首相官邸でも、ボンメシュヴィークの労働運動研修センターでも、長年にわたってサウナ浴が湯水のように使われてきた。後者では一時期、裸の混浴が実施されていた。当時、党の書記長だったステーン・アンデション〔男性〕が、長時間のサウナ浴でけいれんを起こした社民党女性部会員の命を救ったことがあると言われている。ハルプスンド〔首相官邸〕のサウナは、長年にわたり多くの外交会議の場となってきた。パルメ首相、スティーグ・シンネルグレーン最高司令官、エリック・ホルムクヴィスト国防相が、ポルトガル革命（1974〜75）の直前に同地の武装勢力代表と会談したのもここだった。次の首相、トルビョーン・フェルディーンは熱心なサウナ愛好家で、モザンビークの指導者サモラ・マシェルなどをサウナに招いた。ハルプスンドではなくフィンランドハウス〔ストックホルムにあるフィンランド文化普及施設〕のサウナを舞台にした別の会合では、フェルディーン首相はブルーカラー労働組合連合LOのグンナル・ニルソン会長とホワイトカラー労働組合連合PTKのイングヴァル・セレガード会長を招き、国内での賃金凍結について汗をかきつつ交渉した。しかし、サウナの雰囲気とは裏腹に当事者間の合意に至らず、大きな対立が勃発した。

　共産主義的左翼党VPK（現左翼党）の党首だったラーシュ・ヴェルネルは、ストックホルムのドイツ民主共和国大使館で頻繁にサウナ入浴し、東ドイツ大使エーリヒ・ヴェッツルと一緒になることも珍しくなかった。スウェーデンのVPKはソ連の共産主義とはまったく無縁で独立した左翼政党であると公言しているのに、1980年代にもなってこんなことをしているなんてと少々物議をかもした。

1976年、スウェーデンで成立したばかりのブルジョア政権に迎えられるモザンビークの指導者サモラ・マシェル。このサウナには、トルビョーン・フェルディーン〔当時の首相〕やウーラ・ウルステーン〔当時の海外支援大臣〕も参加していた。しかし、集まった報道陣がこのイベントの様子を撮影しようとしたところ、ほとんどの写真がレンズ曇りのためぼやけてしまった。エスキルストゥーナ市のフォルケット新聞社のカメラマンで、バンディ〔屋外アイスホッケー〕撮影に長けていたソーレン・リンデルだけが鮮明な写真を撮ることができた。コツは、シャッターを切る瞬間までレンズを温めておくことだった。

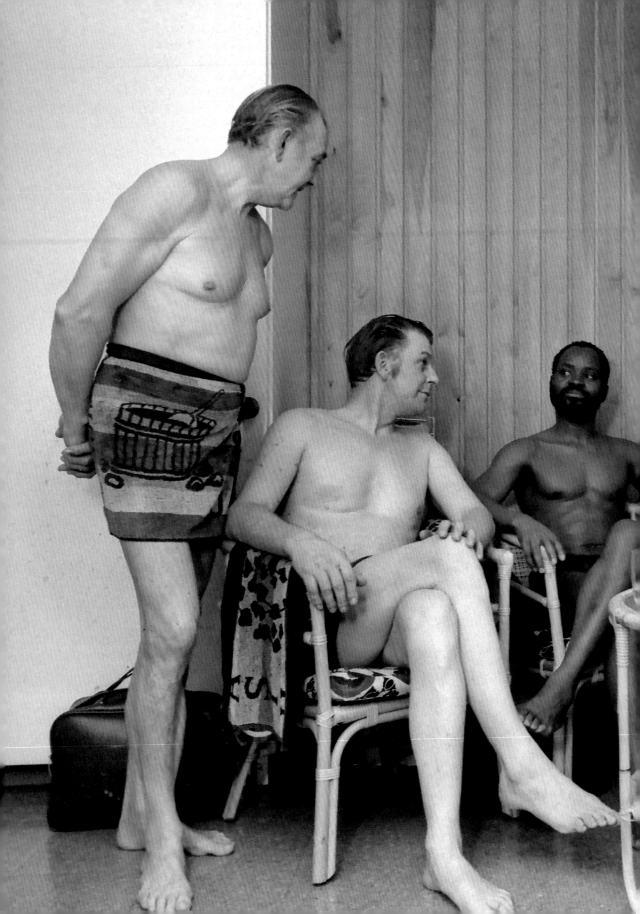

北欧外でも、サウナは大きな政治的役割を果たしてきたようだ。ロシア共和国の初代大統領ボリス・エリツィンは、ドイツのヘルムート・コール首相をシベリアの湖畔にあるサウナに招待した。そこでウォッカとキャビアをふるまっていたのはKGB職員たちだった。

　また、1997年にシベリアのクラスノヤルスクで行われた首脳会談では、エリツィンは日本の橋本龍太郎首相をサウナに招待した。インフォーマルでリラックスした話し合いをして、両国の関係を改善したかったのだろう。

　ウラジーミル・プーチンは熱心なバーニャ愛好者で、ドイツの政治家ゲアハルト・シュレーダーとロシアのバーニャで会談したことがある。これはプーチンが「会談中にサウナが火事になった」と語ったことにより有名になった。だが怪我人はなく、シュレーダーもビールを飲み干すことができた。

　2018年、プーチンとドナルド・トランプがヘルシンキで米ロ首脳会談をおこなったとき、両首脳が一緒にサウナに入ることはなかったが、フィンランド人はこの機会を利用してフィンランドのライフスタイル、ファッション、デザイン、そして何よりもサウナ文化を宣伝した。各国から集まった1000人以上のジャーナリストたちは、特製のポップアップサウナを自由に使うことができた。

　最後に指摘しておくと、政治におけるサウナの役割は会議だけにとどまらない。サウナは重要な決断の前にひとりで内省する場所にもなる。1968年〜1979年および1980年〜1984年にカナダの首相を務めたピエール・トルドーは、辞任を発表する前に散歩とサウナ浴で頭をすっきりさせようとした。

　「嵐の中を深夜まで歩き、家に戻ってサウナに1時間半入った。こうして準備を整えた。自分の心の声に耳を傾け、夜空に運命の兆しを探した。だが何も見えず、ただ雪が舞い落ちるだけだった」

Det fria pratet

自由なおしゃべり

どこもかしこも傾いていた。私たちが乗った列車を運ぶレールからして、わずかに上向きに傾斜していた。走行距離が伸びるほど、車窓の風景は閑散としていった。次に乗ったバスは、急こう配の山道を苦労しながら登っていった。これが終われば、スウェーデン北部の高山をハイキングする日々が始まる。

　高山ハイキングは抜群に美しかった。地平線は山並みのはるか向こうにあり、それまで見たことがないほど遠くまで景色が広がっていた。出会った人たちは、想像していたとおり、口数は少ないが親切だった。そして何人かの若い男性は、当時有名だったスキー選手に似ていたので、妹は大はしゃぎだった。とはいえ、山道を歩くのは難儀で、足首が痛くなった。どうしてこんなに上り坂を歩くのだろう？　登りきったあとの下り坂が、ちょっとは楽だと感じるため？

　ある日、父と私はハイキングを休むことにして、村にある小さな屋内プールへ行った。体を洗い、プールで泳いだあとサウナに入った。ようやく落ち着いて、地に足を着けられる場所に来た。平らな床。水平な部屋。

　父は湿った空気の中でみんなに話しかけた。いつも好奇心旺盛で率直で、平気で質問をする人だった。電車やバスの中で誰彼かまわず話しかける父と一緒だと、私たち子どもは恥ずかしくなることがあった。周囲の大人たちは、もっと静かで用心深いというのに。だが父が黙って引っ込んでいることはなかった。

　今にして思えば、サウナではそれが普通だったのだ。サウナは、日頃は無口な人たちの舌を緩ませる。あそこに座って会話を聞いていると、村のことがありありとわかった。どの湖で魚釣りをするのがいちばんいいか、いつ蚊が大量発生するのか、よろず屋のこと、スキーやスノーモービルのこと。

　今でもサウナに入ると、あのときのことを思い出す。ベンチに座り、固いデッキに足を置いたこと。蒸気を浴びながら話を聞いたこと。そして、父親の話し相手の横顔。父は熱心に尋ね、耳を傾け、うなずき、また新たに質問していた。

サウナとフィクション

　くすんだ色と荒い筆致で描かれた裸体。人々と木造りの内装はどこか似ている——角ばっているが落ち着きがあり、洗練されているが純粋だ。スタイルと表現（イメージ）が混じりあう。それがサウナをテーマにしたティコ・サリネンの作品の数々だ。同じ印象が、サウナをモチーフにしたハンネス・アウテレの力強い彫刻からも感じられる。戯画的で荒々しい木彫りのフォルムの中で、木そのものがサウナの雰囲気を強めている。

　一見したところシンプルに思える様式でサウナ浴という現象を捉えた芸術家が、フィンランドには多い。サリネン（1879〜1955）やアウテレ（1888〜1967）もその一部である。私の意見では、サウナを描く方法のうち、ビジュアルアートがその現象をいちばんうまく表現できる。もちろん、フィンランドは言葉やイメージによるサウナ描写でも有名なのだが——実際、これほどサウナの表現に長けている国は他にない。

　とはいえサウナ芸術とはどんなものかと問われれば、「まだら紐のようなもの」と答えるだろう。陰謀と殺人、ノスタルジーと憧れ、ロマンスと性愛、酩酊と愚行——文学と美術におけるサウナは、最も多様な要素を担っている。冷徹な叙事詩や陰気な犯罪小説から、鋭いドキュメンタリーや下品なコメディーまで、あらゆるものにサウナは登場する。フィクションの世界でも、このホットルームの性格は多面的かつ多様だ。だが、ある特徴は一致している（もちろん、熱気と汗を除いて）。それは凝縮されていること、そして密室であることだ。サウナルームは室内劇に最適だ。その他に、無駄のないシンプルさや、個人の好み、さらには押しつけがましさや病的なものまで表現できる。そう考えると、この閉ざされた空間が、強烈で凝縮された描写を引き寄せるのも不思議ではない。改めて、サウナの語源が「ビバーク」（避難所）であることを思い出す。絵画や文学などの芸術におけるサウナは、隠れ家であると同時に罠でもあることが多い。

『サウナにて』、ティコ・サリネン、1914年。キャンバスに油彩。

　フィンランドの文学や美術にサウナシーンが数多く登場するのは、べつに驚くことではない。その筆頭は『カレワラ』だ。この記念すべき民族叙事詩は、19世紀に愛国心やナショナル・ロマンティシズムを生み出す原動力となった。

　医師であり著述家であったエリアス・レンロートは1820年代にこの作品に着手し、1849年になってようやく第2版にして決定版を出版した。『カレワラ』は、ルーン文字、おとぎ語、伝説など古い——場合によっては古代の——伝承に基づいている。言語学者によると、レンロートは間違いなく資料に手を加え、足したり引いたりしているが、核となる部分は古くからの伝承と同じであるという。ただし、筋書きや脚色はレンロート自身の創作である。ところで、レンロートはサウナと深く結びついている。サウナの医学的効用を論文にしたのはレンロートが世界初だろう。

『カレワラ』では、サウナ浴が繰り返し登場する。詩全体は2万2795行からなり、50章に分かれていて、光と闇の闘い、すなわち邪悪で冷たい国ポホヨラと明るく暖かい国カレワラの戦いが描かれている。有名なシーンは、鍛冶屋のイルマリネンが求婚の旅に出る前に、体を洗い、よい香りを漂わせたいと、妹にサウナを焚くように頼むところだ。もうひとつは、秘密の出産を描いた第45章での出来事だ。ここでは、ユーマラが辺境のサウナをその出来事のために指定する。

> 神は雲間から話した、
> 創造主（つくりぬし）は天から語った。
> 「あの湿地に三角の小屋がある
> 海に向かった岸辺に、
> 暗いポポヨラに、
> 重苦しいサリオラに。
> そこへ出産に行きなさい、
> お前の子宮を静めるため！
> そこではお前が必要だ、
> お前の郎党を待っている。」

女主人（あるじ）ロウヒは、出産の痛みを和らげるために古代の母を呼び出す。

> 秘かにサウナを暖めた、
> せわしく立ち働いた。
> 扉にビールを塗りつけ、
> 蝶番（ちょうつがい）を薄ビールで湿した、
> 扉が軋まないように、
> 蝶番が鳴らないように。
> そこでこんな言葉を述べ、
> 自ら話して、こう告げた。
> 「刀自（とじ）老女自然の娘よ、
> 優美な黄金（こがね）の刀自よ、
> あなたは女性の中の最年長、
> 独自にして最初の母よ！

　次の数行は、フィンランドのサウナについて書かれた最も凝縮された力強い文章である。主人公のワイナミョイネンは身を清めるためにサウナを暖め、ヴィヒタを湯に浸し──さ

らに神聖な儀式にふさわしく、石に蜂蜜や蜂蜜酒[ミード]を注いで香
ばしくした。

サウナを暖めさせた、
石に湯気を立てさせた
清らかな木でもって、
水が運んだ薪[たきぎ]で。
水を上衣の下にして持ち込み、
湯浴みの小束を注意して運んだ、
元気な小枝を湯に浸し、
茂った枝を柔らかにした。

そこで蜜の湯気を立て、
蜂蜜の湯気を立てた
灼熱の石を通して、
燃え立つ平石を通して。
こんな言葉を言った、
こんな話を語った。

「さあ湯気にはいりたまえ、神よ、
天父よ暑さの中へ
健康をもたらすため、
平和を築くため！
恐るべき火花を一掃し、
恐るべき疫病を殲滅[せんめつ]し、
汚された湯気を地へ叩きつけ、
悪質な湯気を追い出してくれ、
あなたの息子を焼かないよう、
あなたの子孫を害わぬ[そこな]よう！

この灼熱した石の上へ
わしが投げるどの水も、
それを蜜に変えたまえ、
蜂蜜として湧き出させよ！
蜜の川を流したまえ、
蜂蜜の池を波打たせよ
石の竈[かまど]を通して、
苔で覆われたサウナを通して！

〔出典『フィンランド叙事詩　カレワラ（下）』
小泉保訳、岩波書店、1976〕

フィンランドの独立への熱意とアイデンティティが高まるにつれ、サウナが文学の中で一般的なモチーフとなっていったのは間違いない。ユハニ・アホ（1861〜1921）の『私のサウナ賛歌』は、とりわけサウナを感情的に描いている。フィンランド語における最初の職業作家とされるアホにとって、古いスチームサウナは、自己の生活の大部分を占めるシーンであると同時に、近代化と革新のために犠牲になっていくオリジナルで気取らないものの象徴でもあった。

　　今、彼らは炉も壁も取り壊そうとしている。ここに煙を排出できる最新式の入浴施設を建てるのだそうだ。これはフィンランドのサウナ小屋の理想であり、先祖代々の詩的な記念碑であるというのに、いまやその妹であるスモークキャビン〔煙突のない暖炉で暖める家屋〕と同じ道を歩むはめになるのだろう。

　19世紀半ば以降の初期のフィンランド語文学には、貧しく人口がまばらなフィンランドの農村が登場するが、そこでの生活にサウナは欠かせなかった。たとえばイルマリ・キアント（1874〜1970）は、フィンランドの荒野に暮らす貧しい農民を力強く描いた。有名な作品『リューシュランタのヨーセッピ』（1924年）は、フィンランド禁酒法の時代、つまり1919年から1932年に国内でアルコールが全面禁止された時代を舞台にしている。主人公は「森のシャンペン」を密造し、森の中の荒れた小屋に住んでいる。しかしそこにはサウナがあり、入浴中には寄生虫からも過酷な生活からも逃れることができた。
　ドストエフスキーやゾラを彷彿とさせる力強い語り口のアレクシス・キヴィ（1834〜1872）とサウナは切り離せない。いくつかの写実的な作品の中で、文字どおりそして実際に、サウナは寒さや厳しい天候からの避難場所となっている。たとえば小説『七人兄弟』では、いくつかの重要な出来事がサウナで展開する。サウナが火事で焼け落ちることは衰退と破滅を意味し、再建されると希望と救済のしるしとなる。サウナが元どおりになると、秩序が回復する。
　スウェーデン系フィンランド人の作家エルメル・ディクトニウス（1896〜1961）は、エッセイ集『秋のサウナ』（1943年）

の中で、フィンランドの古いサウナ入浴法について、深く共感しながら詳細に描写している。彼の代父(ゴッドファーザー)はヌルミヤルヴィの農夫だった。ヘルシンキ育ちの少年ディクトニウスは、自然や簡素な生活、そしてサウナ入浴法について彼から多くのことを学んだ。

> 僕が18歳になるまで、毎年夏を一緒に過ごし、あちこちへ出かけた。湖でボートを漕ぎ、沼地をずぶずぶと歩いた。代父(ゴッドファーザー)はしゃべりつづけたので、僕は聞き役にまわるしかなかった。(中略)魚やらキノコやら鳥やらが詰まった袋を担ぎ、日焼けと汗にまみれて家に着くと、すぐさまサウナの準備をした。あれほど頻繁に、しかもあの蒸し熱さの中でシラカンバの枝の束を使っていたのは、あの地域では代父(ゴッドファーザー)と僕だけだったことだろう。

ここでディクトニウスは、スモークサウナの点火について、その技術のあらゆるルールについて説明する。まずは鉄製ストーブから燃えかすを取り除く。それから「パリッとした」樹皮と新聞紙に火をつけて、一級品の「ごろっとした薪」を燃やし、排煙孔を開いて火力を強める。彼は続ける。
「火が燃えさかり火花が散るようになると、ようやく煙のにおいに包まれる。そうすると、やっといつもの場所に戻れたような、何か偉いことをやったような気分になる」

サウナを暖めるには時間がかかった。"何か偉いこと"を充分楽しめる程度の温度になるまでは8時間くらいかかった。
「こうして、この秋を感じさせる日のサウナが終わったと思ったら、今度はサウナ儀式の無限の締めくくりが始まった。僕にとって、入口や脱衣所の床がきれいに磨かれていないサウナに入るなんて考えられなかった。しかも、秋の気配が感じられるこの時期には、〔素足が冷たさを感じないように〕脱衣所の床を乾いた新聞紙で覆わなくてはならない(昔のサウナ入浴者は藁に迎えられたものだが、当時はすでに藁を使用した場合、火災保険の対象にならなかった)」
ディクトニウスが望んだとおりに、代父(ゴッドファーザー)のサウナが生き残っていることを願わずにはいられない。

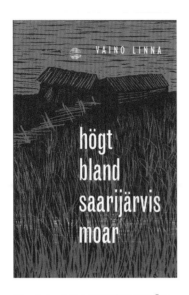

ヴァイノ・リンナの1959年の小説『サーリヤルヴィ湿地の高台』〔三部作『ここ北極星の下で』第Ⅰ部のスウェーデン語タイトル〕の表紙は、この時代の雰囲気を表している。

　当然のことながら、20世紀フィンランド文学の巨人のひとりであるヴァイノ・リンナ（1920〜1992）の作品群にもサウナは登場する。たとえば『無名兵士』ではサウナの壁の前で銃殺刑がおこなわれ、『サーリヤルヴィ湿地の高台』では自然を征服する試みの一環として湿地を排水してサウナが建てられる。

　現代フィンランド文壇を代表するアルト・パーシリンナ（1942〜2018）はサウナ愛好家として有名で、サウナを７つも所有していたという。発汗浴は彼の小説に繰り返し登場するモチーフで、意欲を与えるポジティブなものとして扱われている。『集団自殺』の悲嘆に暮れる主人公ソルヨネンが生きる意欲を取り戻したのは、母親と一緒にサウナに入ったことを思い出したときだった。

　スウェーデンのフィクションにもサウナは登場する。イングマール・ベルイマン監督の中世を舞台にした悲劇『処女の泉』（1960）では、マックス・フォン・シドー演ずる父親がシラカンバの木と格闘する。その木は娘の誕生を祝って植えたものだが、娘は亡くなってしまった。彼はその木を引き裂いてヴィヒタを作り、暗く撮影されたサウナシーンで激しく自分をむち打つ。それは身を清めるためだったのか、それとも罰するためだったのか——あるいは、その両方だろうか。

　また、ロシア芸術においてもサウナ——正確にはバーニャ——は頻繁に現れる。アンドレイ・タルコフスキー（1932〜1986）の『鏡』は、死にゆく男の断片的な記憶が、非時系列的な意識の流れで現れる。この映画の注目すべきシーンのひとつは、父親がバーニャで女性の髪をすすいでいるシーンだ。濡れた長い髪が彼女の顔を覆い、その姿は空想上の生き物のように見える。

　もっと身近に感じられるのは、ニキータ・ミハルコフが監督し、1995年のアカデミー賞外国語映画賞を受賞した『太陽に灼かれて』（1994）のリアルな発汗浴である。この映画は、一家の平和なバーニャ入浴と、農場の収穫を破壊しに来る赤軍戦車隊の到来を対比させている。スターリンの大粛清直前の1930年代のソ連を舞台に、目前に迫った破壊に抵抗するロシア革命の英雄、コトフ大佐を中心に描かれている。

サウナという限られた空間、そのシンプルさそしてわかりやすさは、犯罪とくに悪意がもたらす早すぎる死を描くのにぴったりだ。よく知られているように、探偵小説には「密室」というサブジャンル、あるいは一種のモチーフがある。そこで殺人がおこなわれたというのに、犯人は跡形もなく消え、部屋は

『処女の泉』（1960）でシラカンバの木を倒す、スウェーデン出身の俳優マックス・フォン・シドー（1929〜2020）。

──なんと内側から──鍵がかかっているのだ。このジャンルの先駆けであるコナン・ドイルの私立探偵シャーロック・ホームズは、この謎にいくつか取り組んでいるが、サウナが舞台になったことはない。とはいえホームズとワトソンは短編小説『高貴な依頼人』でターキッシュ・バスに入り、体力を回復させている。ワトソンの証言によれば、冷徹なホームズでさえ発汗浴ではいくらか柔和になるようだ。

　「ホームズも私もターキッシュ・バスには弱かった。クールダウンのため静かで心地よい別室で一服しているとき、彼の口数は増え、他のどこにいるよりも人間味があることを私は発見した」

　サウナが犯罪現場となる密室ものに、スウェーデンの作家ヨスタ・ウーネフェルト（1929〜）の『警官と控えめな脅迫者』（1987）がある。サウナで女性の死体が発見された。死因は熱傷。現場に到着した刑事ヨルゲンソンが見た死体は損傷が激しく、高熱のため焼けただれ膨張していた。換気装置は取り外され、ベンチの上に置かれていた。温度センサーはホルダーから外されていた。さらに刑事が気づいたことは、死体の指先に傷があり、ドアのそばにウッドチップがあることだった。刑事は、これは残酷な計画殺人だという確信を深めていく。

サウナと社会

ふたりは並んで座り、
湯気の中で肉体的な快楽に浸っていた。
アンティが尋ねた。
「天国にもサウナがあるのかな?」
「もちろんあるさ」
と、ユッシは答えた。
アルゴート・ウントラ（1868〜1918）が
偽名マイユ・ラッシラとして発表した『マッチを借りる』より

スウェーデンの作家スティーグ・トレンテル（1914〜1967）の『ストゥーレ殺人』（1962）では、写真家にしてアマチュア探偵のハリー・フリーベリがストックホルムの《ストゥーレ浴場》（1885年開設）で屋内プールとサウナを楽しんでいると、バスローブ姿の男がガラスの天井から落ちてきた──これは同様のスウェーデンの犯罪小説の典型的な前奏曲となった。

　トレンテルの後継者のひとりレイフ・GW・ペーションは、『夢のような自由落下』（2007）で重要なシーンをサウナに設定している。国家犯罪捜査局長ラーシュ・マッティン・ヨハンソンは、ペーションと名乗る公安警察の男とサウナで会うことになった。この肥満体の男は、パルメ首相殺人事件の情報を握っていると言う。サウナの中ならペーションは隠しマイクを心配する必要がない。うまい場所を選んだものだ。

　サウナ浴やその建物は、非常に多くの優れた表現の対象となった。最も成功した作品のひとつに、仲間意識と孤独、悲しみと喜びを、静かに温かく描いたフィンランドのドキュメンタリー映画『サウナのあるところ』（2010）が挙げられるだろう。この映画の原題『Miesten vuoro』は「男たちの番（サウナの男性入浴タイム）」という意味だ。もうひとつの例は『サウナバレエ』だろう。何シーズンにもわたるTVシリーズであり、そこから舞台も派生した。男たち、そして女たちがサウナに集い、会話やダンスをする。仕事や悩み、そしてサウナを扱った、身近ながらも社会批判の視点もある良作だ。

　とくに興味深いのは、写真家のアレクサンデル・レムケ〔ドイツ出身の写真家〕が、仮設ながら高品質のサウナをフィンランドの大自然の中に建てる過程を追ったプロジェクトだ。そのサウナの予算は限られており、素材には鉄骨フレームやプラスチックシートなどが使われている。レムケはまた、サウナで生まれた人々などサウナに関するテーマをドキュメンタリー作品にしている。

そう、ホットルームの芸術的描写は本当に多種多様だ。それでも共通点を指摘するならば、芸術がサウナ浴の二面性を興味深く描いていることだろう。サウナは、人々が互いに心を開く親密な環境であると同時に、個人が他人に──そして自分自身に──さらけ出されて傷つく場所でもある。サウナには魅力的な二面性があり、それは多くのフィクション作品に繰り返し登場する。

　最後になるが、サウナ芸術には、まだまだ可能性があるはずだ。サウナに絵画、音楽、詩などを組み合わせれば、素晴らしいものになるはずだ。ベケットの『ゴドーを待ちながら』やシェイクスピアの『ハムレット』を、サウナという清潔かつ簡素な空間で映画化するとどうなるだろうか。ぜひ想像してみてほしい。

聖霊と妖精と呪文

　サウナは歴史的に神話や伝説、迷信に包まれた場所である。民衆の想像力の中では、とくに物質と精神が出会う場所、つまり境界が消えたり曖昧になったりする場所であった。たとえば、サウナの蒸気を意味するフィンランド語「ロウリュ」は、かつては宗教的な「霊魂」を意味していた。

　とりわけバルト三国では、亡くなった祖先にサウナで会えると信じられていた。蒸気の中で彼らに触れ、会話できることもあったという。また、生きている人が入浴を終えて去ったのち、死者が余熱の中でサウナをするとも言われていた。

　1870年の記述で、スウェーデンの文化史研究者ガブリエル・ユールクルー（1829〜1904）は次のように説明している。

　「クリスマスの夜には死者たちも家族を訪れ、その後一緒に教会へ行き礼拝をした。クリスマスイブにサウナに入る習慣は昔からあったが、死者もまた祝日の準備をしたいかもしれないので、入浴後でもサウナの火を完全に落としたり、〔ドアなどを開けて〕熱を放出したりしてはいけなかった」

　民間伝承にはサウナの妖精トントゥも登場する。ひとりのこともあれば、グループを作ったりもする。農家に住む他の妖精と同じように、とりわけ親切というわけではなく、どちらかというと要求が多い。だから、入浴を終えても必ず蒸気を残し、トントゥも汗を流せるようにしなければならない。また、サウナの火がつきにくいのは、トントゥの機嫌が悪いからだと言われている。

　フィンランドの童謡にもサウナはもちろん登場する。ある子守唄を翻訳してみよう。

　「しーっ、静かにして、いい子だから
　いったいどうしたんだろう？
　サウナに行く泥だらけの小道で
　お父さんが怖がらせたから？」

呪術医療師がサウナで治療を施す際には、特別な詩を読み上げることが多かった。凍死や溺死した者を高温のサウナに寝かせると生き返ったという話まである。

　また、完成したばかりの木造サウナにルーン文字を刻み、入浴がうまくいくよう呪文を唱えることも珍しくなかった。キリスト教化したずっとあとになっても、このようなルーン文字は刻まれつづけた。

　フィンランドでもスウェーデン北部でも、サウナはたいていlögardag（体を洗う日）、つまりlördag（土曜日）におこなわれた。それは多くの人にとって、礼拝の前に身も心も清めるプロセスのひとつだった。

　スモークサウナに最初に、つまり温度が最も高い時間に入るのは、原則として男性たちだった。その後、女性たちがサウナに入った。また民話では、熱いサウナに耐えられる能力は、男性的な素晴らしい能力だと称えられる。たとえば各地に残る民話に、農夫がどんどん熱くなる地獄に耐えてみせ、悪魔をがっかりさせるというものがある。

　「農夫がもっと薪を持ってきてくれとせがむので、悪魔は呆れ果て、彼を地獄から追い出した。そして農夫は嬉しそうに家族のもとへ帰りましたとさ」

　時代が下って20世紀後半に流行した小話にも同様のものがある。

　「フィンランドの宣教師が人食い人種に捕まり、蓋をかぶせた大きな鍋の中で茹でられた。数時間後、フィンランド人宣教師は蓋をノックし、こんなに素晴らしいサウナは久しぶりだと感激を伝えた」

ついに悪魔のひげに火がつき、
我慢の限界に達した。
「この野郎、出ていけ!」と悪魔は怒鳴った。
「お前の顔など二度と見たくない!」
こうして農夫は家に戻ることができた。
フィンランドの昔話『悪魔とサウナ好きの農夫』より

フード・アンド・ドリンク

　食べ物とサウナの相性は、良いとも悪いとも言える。歴史を振り返ると、穀物、種子、肉、魚、麦芽の乾燥は暖かい建物の中でおこなわれてきた。ときにはその建物で入浴がなされることもあった（ただし、食品乾燥と入浴が同時進行することはまずなかったが）。また、食品用と入浴用に別々の建物を充てることもあった。さらにはサウナ浴の習慣がなくなり、その建物が食品乾燥専用になることもあった。これはスウェーデン中部でよく見られ、たとえばイェムトランド地方では、サウナと呼ばれる建物が不思議なことに入浴には使われなかった。そこはクリスマスの頃に肉を燻製し数ヶ月間吊るしておく場所だった。こうすれば食べ物の乏しい冬から春にかけてもおいしいものを食べることができたからだ。

　〔スウェーデン最北部の〕ノルボッテン地方やフィンランドの一部では、サウナには他の機能も備わっていた。肉・魚の燻製やサウナ入浴だけでなく、死体が安置されたり、動物の解体処理に使われたりすることもあった。女性がそこで出産することもあったし、新婚夫婦が初夜のためにサウナを借りることもあった——ただし、このときの温度は普通の室温程度だったが。このような行為が同じ小屋の中でおこなわれていたと聞くと、不衛生で好ましくないと思われるだろうか？　それならば、煙には優れた殺菌効果があることと、人々は定期的にサウナ内部を磨くように掃除していた事実をお伝えしよう。私としては、同じ空間が多目的な機能を果たすことに美を感じる。サウナは、教会や公民館のように人生の始まりから終わりまでのさまざまな出来事に対応できる「みんなの家」なのだ。

　「サウナでは食べない」というのが、多くの人が大切にしているルールだ。フィンランドとロシアではとりわけそうだったし、スウェーデンでもサウナのあとに軽くつまむだけというのが一般的だった。しかし近年、飲食とサウナの組み合わせが人気を博している。サウナ料理の本は何冊もあるし、バーニャと酒場を一体化させたロシアの習慣がコンセプトとして広まっているようだ。

私がスウェーデン、エストニア、フィンランドで小規模か
つ非科学的な調査を実施したところ、ほとんどの人がサウナ
中やその直後には何も食べないという結論に達した。何か食
べるとしても基本的にはサウナのあとだ。とくにフィンラン
ドではこの傾向が強い。彼らのお勧めの飲み物はコーヒー、
ロンケロ〔ジンをグレープフルーツジュースで割ったもの〕、
水、ミネラルウォーター、シードル。お勧めの食べ物は塩気
の効いたもので、マッシュルームサンドイッチ（塩漬けキノ
コを使用）、ピクルス、カレリアパイ、ポテトサラダ、キャベ
ツサラダ、グリーンサラダだった。サウナフィーカ〔フィー
カとはスウェーデン語でコーヒータイムのこと〕をしている
人も多く、大人はコーヒー、子どもはソフトドリンクを飲み、
ビスケットやときには菓子パンを食べるという。デザートに
は各種のアイスクリームがよく、とくに新鮮なイチゴを添え
るのがお勧めだそうだ。

　他にサウナに適した食材としては、ニシンや各種のマリネ
した魚が挙げられる。マリネしたホワイトフィッシュ〔サケ
科の淡水魚〕はサウナ利用者に好まれているが、スモークし
たホワイトフィッシュもまた汗をかいたあとに味わい深い。
サウナスープはフィンランドのあちこちの施設で提供されて
おり、ハンガリー料理のグーラッシュからクリーミーな魚の
スープまでさまざまな種類がある。サウナ後のスープとして
私がお勧めするのは、キンキンに冷えたガスパチョ、冷たい
アボカドスープ、または熱い味噌汁だ。

　多くの人にとって、サウナ浴中の飲食は冒涜に他ならない。
この本の著者である私はこのサウナマナーに違反し、ときど
きサウナ浴中に飲食している。フィンランドの伝統的なサウ
ナソーセージや魚の干物をサウナの外でかじるだけでなく、
熱気の中でさまざまな食べ物を試してきた。一度など、凍ら
せたお菓子を市営サウナに持ち込み、こっそり食べたことが
ある。熱気の中で喉の渇きや空腹を満たすというコントラス
トを試したかったからだ。この実験は運悪く不調に終わった
が、湯気の中でシャーベットやアイスキャンディ、氷のよう
に冷たいスムージーを味わうこと自体は、まさに天国だ。サ
ウナ浴中にどうしたいのか——まったく食べないのか、ある

いは入浴前後に食べるのか、または入浴中に食べるのか——
は自分で決めることだ。どこかの物知りさんに決めてもらわ
なくてもいい。

　サウナ中やサウナ後のクールダウンに適しているのは、シ
ャーベット、アイスキャンディ、冷凍チョコレート、凍りか
けたブドウ、氷入りのソフトドリンクやジュースなどだ。保
冷バッグがあれば、冷たい飲み物や食べ物を持っていくのに
安心だ。サウナで喉の渇きを癒すことは、おおいなる楽しみ
となる——冷たい水と熱気のコントラストは鮮やかだ。サウ
ナでお酒を飲むことは、微妙な問題だ。多くの人は、心身を
清めるという目的に反するとして完全に拒否するが、一方で
サウナ入浴中または休憩中にビールを一杯飲むと、くつろい
でリラックスできると考える人もいる。注意すべきことは、
多くの公衆サウナは施設全体で飲酒を禁止しているが、一方
でサウナ室内での飲酒のみを禁止している施設もあるという
ことだ。さらには行動には気をつけるようにと注意した上で、
アルコールを許可している施設もある。

　サウナが流行するにつれ、その芳香が新たな形で利用され
るようになってきた。たとえばエストニアには、シラカンバ
の味がするサウナビールがある。また北欧各地でシラカンバ
の香りのするシャワージェルが市販されている。グルメレス
トランはサウナ風味の料理を作るようになり、ときにはガラ
スか金属でできた小さな釣鐘状の容器「クローシュ」に食材
を入れ、専用スモークガンで煙を吹き付けてから提供する。
シラカンバだけでなく、マツやトウヒ、なかには藁（これも
サウナと関連している）の香りを取り入れたものもある。そ
う、この15年ほど北欧のレストランでは燻製料理が一般的に
なってきた。ユニークで官能的とも呼べるのがストックホル
ムのレストラン、エークステットだ。ここではすべてが熾火、
燃え上がる炎または煙で調理されている。エストニアのタリ
ンにあるグルメレストランNOAも同様のアプローチで、さま
ざまな料理を直火焼きで調理し、サウナを思わせる素晴らし
い香りをまとわせている。

　サウナに入ると、サウナで燻製したおいしい肉を思い出す
ことがある。ここ北欧では、サウナで肉を燻製するという古

くからの素晴らしい習慣がある。上手に燻製された肉は、味に深みが出る。塩と煙のバランスが取れていること、肉に煙が染み込みながらも乾燥していないことが肝心だ。伝統的には2〜3日燻すのがベストだそうだ。

　高温燻製とはまた別に、肉の内部温度を20度前後に保ったままサウナ内で熟成させる方法もある。研究者たちによると、食品の保存方法としては塩漬けと乾燥がまず先で、その次に燻製を試すようになったそうだ。おそらく人類が火を使いはじめた頃に洞窟内でおこなわれていたのだろう。肉が長期保存できるかどうかは、脱水も大切だが、有害な微生物の発生を抑えるフェノール、酢酸、ギ酸などの防腐物質を肉が吸収できるかにもかかっている。

　悲しいことにサウナスモークもまた、食品業界が勝手に流用し、意味を歪曲した言葉の例だ。いわゆる燻製食品の中には、スモークフレーバーの液体を注入したものや、蒸気発生器を備えた工場で燻製したものがある。偽物と本物の違いは明らかであり、幸いにも現在では本物の燻製食品が増える傾向にある。

Recept
レシピ

Bastukorv
サウナソーセージ

フィンランドのマイルドなソーセージ、レンッキをサウナストーブの上で加熱するのは定番中の定番だ。普通は入浴後に調理するのだが、入浴と調理を同時におこなう人もいる。さらにはキッチンのオーブンでソーセージを焼く人もいる。レンッキが手に入らない場合は、ファールコルヴ〔スウェーデンのソーセージで、肉の割合が45パーセント以上〕やメディステルコルヴ〔スウェーデン南部やデンマーク、ノルウェーにあるソーセージで、ファールコルヴよりも細い〕でも代用することができる。細かく刻んだトマトやチーズを加える人もいるが、以下に紹介するのは私のやり方だ。

6〜8人分
レンッキ（フィンランドのサウナソーセージ）、
　　無ければファールコルヴまたはメディスタテルコルヴ
　　1kg
タマネギのみじん切り　200mℓ（ikadou）
辛いマスタード（できればフィンランド産）
　　大さじ4〜5杯

1. ソーセージに縦に切り込みを入れ、開く。深さは¾ほど。タマネギとマスタードを混ぜ、ソーセージの溝を埋めていく。
2. ソーセージをホイルでゆるく包み、金属トレーか耐熱皿に載せて、サウナストーブ上部の熱い石の上に置く。
3. ソーセージに火が通り、タマネギ・マスタード・ミックスがトロリとするまで20〜30分ほど加熱する。ニンジンとキャベツのサラダを添える。

Morot- och kålsallad

ニンジンとキャベツのサラダ

フィンランドでは、サウナソーセージにはたいていニンジン
とキャベツのサラダが付いてくる。旬のキャベツとニンジン
が手に入った場合、またはコールドプレスされた上質の菜種
油が手に入った場合は、このマイルドバージョンを試すこと
にしている。

6〜8人分
大きなニンジン　1本（または小さなニンジン2本）
紫キャベツ　約⅙個
ドレッシング
| オレンジのしぼり汁　50mℓ
| 白ワインビネガー　大さじ1
| コールドプレスされた菜種油　50mℓ
| 食用油　50mℓ
| 塩　小さじ⅕

1. ニンジンの皮を剥く。そのままピーラーを使い、薄くて幅
   の広い短冊ができるようにニンジン全体を削っていく。
   紫キャベツは千切りにする。キャベツとニンジンを氷水
   に入れ、1時間放置したのち、水を切る。
2. オレンジのしぼり汁、ビネガー、塩、油を混ぜ合わせる。
   ドレッシングをサラダにかける。冷たいサラダと熱々のソ
   ーセージを一緒に楽しむ。

カレリアパイ

カレリアパイのバリエーションは多いが、お米をベースにしたこのパイが最も一般的だろう。まろやかなベースとエッグバターの組み合わせで、いっそうおいしくなる。

12個分
生地
- 水　200mℓ
- 小麦粉　250mℓ
- 上質のライ麦粉　250mℓ
- 塩　小さじ1

ブラッシング
- 溶かしバター　大さじ1
- 水　大さじ2

ミルク粥
- 粥用米　200mℓ
- 水　300mℓ
- ミルク　600mℓ
- 塩　少々

1. 水、小麦粉、ライ麦粉、塩を混ぜ合わせる。滑らかな生地になるまで捏ねる。
2. 生地を直径4cm程度のロール状にする。2cm幅の輪切りにする。
3. 生地を丸め、打ち粉をしたテーブルの上で楕円形に伸ばす。タオルを2、3枚かぶせて30〜40分休ませる。
4. そのあいだにお粥を炊く。鍋に米、水、塩少々を入れる。水分がほとんどなくなるまで、蓋をせずに煮る。

5. ミルクを加え、蓋をして弱火で約30分煮る。

6. オーブンを250℃（熱風付きなら230℃）に予熱しておく。

7. 生地にミルク粥をフィリングとして載せていく。生地周辺を少しつまんで折り、フィリングを包むようなひだを作っていく。

8. パイをオーブンの中段で7〜10分焼く。焦げやすいので様子を見ること。

9. 溶かしたバターと水を混ぜる。オーブンから熱いパイを取り出したら、これを刷毛で一気に塗る。

Äggsmör

エッグバター

カレリアパイといえば、これが載っているのが定番中の定番。

パイ12個分
ゆで卵　2個
室温に戻したバター　100g

1. ゆで卵の殻を剥き、刻む。
2. バターと混ぜる。

Bärssorbet

ベリーのシャーベット

カシスのシャーベットにはベリーならでは
の酸味があり、北欧式サウナのあとにとて
もよく合う。シャーベットは冷たい器に盛
り付け、少しベリーを足すか、ホイップク
リームを添えてみよう。

4〜6人分
グラニュー糖　200㎖
水　200㎖
カシス　新鮮なものなら1ℓ、解凍したも
　　のなら500g、他のベリーでも可
卵白　1個分（なくてもいい）
飾り付け用のベリー　少々

1. 鍋に水と砂糖を入れ、かき混ぜて砂糖
　を溶かす。数分間、煮立たせる。
2. ベリーを洗い、上記の鍋に入れる。沸騰
　したらそのまま1分加熱する。火からお
　ろし、少し冷ます。
3. ベリーをなめらかなピューレ状にする。
　ザルで濾して果皮を取り除く。そのま
　ま冷ます。
4. 卵白を泡立て、生地に混ぜ込む。アイス
　クリームメーカーを使って、適度なな
　めらかさにする。時間はだいたい30分。

Sorbet på höstäpplen

秋リンゴのシャーベット

酸味が強く甘みの少ない、北欧産ならでは
のリンゴを選ぼう。シャーベットが溶けて、
スラッシュのようになっても大丈夫。それ
もまた美味。

4人分
水　1ℓ
グラニュー糖　500㎖
北欧産リンゴ（甘すぎないもの）　6個
レモンのしぼり汁　大さじ2

1. 鍋に水と砂糖を入れて沸騰させる。リ
　ンゴは皮をむき、芯を取り、さいの目に
　切る。
2. リンゴをすべて鍋に入れる。3〜4分ほ
　ど煮込む。火からおろす。レモンを加え
　る。そのまま冷ます（早く冷えるように、
　できれば屋外で）。
3. 生地をアイスクリームメーカーに入れ、
　クリーミーなシャーベットになるまで
　約30分運転する。
4. すぐに盛り付ける。ボウルやグラスは、
　できれば事前に1時間ほど冷やしてお
　くとよい。

Nordisk smoothie

ノルディック・スムージー

ひんやりとして少しとろみのあるこのドリンクは、ベリーやフルーツだけでも作れるが、ヨーグルトを加えるとさらにおいしくなり、サウナ向きのドリンクになる。基本的なレシピは以下のとおり。

4人分

バニラヨーグルトまたはフィールミョルク
〔発酵させたミルク〕 1ℓ
冷凍ラズベリー（他のベリーでも可）
250g
グラニュー糖 50〜100㎖
レモンまたはライムのしぼり汁
小さじ1〜2

1. すべての材料をブレンドし、滑らかで濃厚なドリンクにする。
2. できれば事前に冷やしておいたトールグラス4個に注ぐ。ストローを添えて。

Milkshake med hallon och blåbär

ラズベリーとブルーベリーのミルクシェーク

北欧産ベリーを使った、おなじみのミルクドリンク。

2人分

ブルーベリー 100㎖
ラズベリー 100㎖
ミルク 400㎖
お好みで砂糖

1. ベリーとミルク少々をブレンダーで攪拌する。大きなボウルに移し、残りのミルクも入れる。必要なら砂糖を少し加える。
2. ハンドミキサーで泡立てる。冷やしたトールグラスに注ぐ。

Svalkare

クーラー

クーラーとは、サウナ後のリラックスタイムに最適のフルーティーな炭酸飲料のこと。

2人分
ストロベリー　500mℓ
ライムのしぼり汁　1個分
桃（缶詰または完熟したもの）　1個
粗糖　適量
水　100mℓ
フルーツソーダまたは甘未飲料　330mℓ
氷　たっぷり

1. イチゴを水で洗う。桃は皮をむいて芯を取る。ライムのしぼり汁、砂糖、水と一緒にミキサーにかける。
2. フルーツソーダを加える。氷を半分ほど入れたトールグラスにドリンクを注ぐ。

Gin och tonic med gurka

ジントニックのキュウリ添え

キュウリ、ジン、トニックは素晴らしいトリオだ。すでにキュウリが入っているジンも市販されている。

1人分
上質のジン、できればすでにキュウリが入っているもの　60mℓ
スライスしたキュウリ　4〜5切れ
トニック　120mℓ
大きめのアイスキューブ
レモンまたはライムのくし切りまたはスライス（飾り用）　1切れ
あればマドラー　1本

1. グラスにキュウリのスライスを入れる。ジンを注ぐ。そのまましばらく放置し、香りを出す。
2. 氷とトニックを加える。シトラスフルーツを飾る。

リンデル流ロンケロ

サウナ入浴中にアルコールを飲まない人は多いのだが、このグレープトニック〔グレープフルーツ果汁入りのトニックウォーター〕を使ったジンドリンクは20世紀中頃以来、フィンランド人にとって最もサウナ入浴を連想させる飲み物となっている。このブレンドは1952年のヘルシンキ・オリンピックの際に作られ、それ以後ずっと缶入りで市販されている。だがグレープフルーツを使って自作すれば、さらにフレッシュな味わいになる。私のレシピを紹介しよう。サウナで飲む場合は、プラスチック製のグラスなど、割れない容器が必要だ。ジンがなくても、このドリンクはとてもおいしい。

グラス1杯分
ジン　40ml
グレープフルーツ果汁（できればしぼりたて）
　　100ml
グレープフルーツ果肉　50ml
トニックウォーター　100ml（量はお好みで）
アイスキューブ　3〜4個
お好みで飾り用にグレープフルーツの
　　スライス　数枚

1. トールグラスにすべての材料を入れて混ぜる。できれば冷蔵庫に1時間ほど置いておく。
2. お好みでグレープフルーツのスライスを飾る。さあ、召し上がれ。

リンゴと洋梨のフロート

サウナのあとにフロートを楽しむと、体温は低下するが気分は高揚する。ソーダとアイスクリームを自由に組み合わせてみよう。コーラとバニラアイスの組み合わせは定番で、アメリカでは昔からあるドリンク兼デザートだ。私が紹介するのは、もっと北欧的なバージョンだ。

2人分
ポマックまたはシャンピスのような
　　リンゴなどを熟成させた発泡ドリンク
　　500ml
洋梨のアイスクリーム
　　大盛2スクープ

1. トールグラス2個に果実ドリンクを注ぐ。
2. 各グラスにアイスクリームを大盛り1スクープ入れる。長いスプーンを添えてお出しする。

Öbastu var tredje dag

島のサウナは 3日に1度

まるで昔の遊びのようだった。1980年代前半、大カール島〔ストーラ・カールスエー〕ではガイドや旅行者が宿に泊まっても、お湯は出なかった。レストランで働いていた私たちだけが、閉店後の暗闇の中で、食器洗浄機のプレリンスシャワー〔食器の汚れを予備的に落とすハンドシャワー〕を使って体を洗うことができたが、これも緊急対策のようなものだった。

　それ以外の人たちは、古式ゆかしく洗面器を使って衛生維持に努めるか、一般大衆よりもわずかに多い体内細菌に頼らざるをえなかった（当時の社会では過剰な殺菌が進行中だった）。

　有名な国立公園でもあるこの島は、ゴットランド島〔バルト海に浮かぶ島〕の東に位置し、近くには弟島の小カール島〔リラ・カールスエー〕がある。希少な蘭を含むユニークな植生や、ウミガラスやオ

オハシウミガラスなどの鳥類を観察することができるため、100年以上前から観光客や自然愛好家たちが訪れている。だが伝説によると、大昔は船乗りや海賊のたまり場だったそうだ。

　島全体が太古の珊瑚礁の名残であり、長い年月をかけて石灰岩に変化し、20ほどの洞窟を作った。このユニークなビオトープは、地質学的な土地移動により北上を続けている。夏には、灯台守だけでなく、ガイド役の生物学者や、観光客に昼食や夕食を提供する小さなレストランの幹部が島に住みこんだ。オーナーのレナートと私たち数人は夜になると海岸へ行き、バルト海でまだ豊富だったタラをルアーで釣り上げ、翌日の昼食においしい揚げたてのタラを提供した。そして、３日ごとに儀式のようなイベントがあった。島のサウナに火を入れるのだ。それは1960年代に建てられた木造小屋で、当時も今も薪が燃料だ。冷たい塩水が出るシャワー、そして薪窯と大きな鍋があった。私たちは冷たい水と熱い湯をバケツの中で混ぜ合わせ、それを体にかけた。サウナはウッドデッキとウッドパネルでできていて、とても混雑した。

　島にいる人が全員サウナに集まった。そして体が温まると、バケツのぬるま湯をかけたり、冷水シャワーを浴びたり、海に浸かったりした。これなら少量の水で体が洗えるから、水道がなくても全員に水が行きわたる。そこには特別な雰囲気があった。男性も女性も、少年も少女もいた。裸の人もいれば、タオルを巻いている人もいた。島の全員が一堂に会する数少ない機会のひとつだった。人々は会話を楽しみ、ジョークを交わす。にぎやかで居心地のいい空間だった。ビールを飲む人。サウナの薪箱の上に座る人。体が熱くなって汗が噴き出すと、人々はビーチに駆け下り、冷たい水の中にジャブジャブ入っていった。建物はそれほど古くなくても、発汗浴をしてからひんやりとした夏の汽水〔バルト海は塩分が低い〕を浴びるという何世紀も続いた伝統を、私たちが受け継いでいるように思えた。スウェーデンの大部分と同じく、昔はゴットランド島にも無数のサウナ小屋があったのだ。

第3章
サウナと健康

サウナについて語るとき、多くの人が「ホットルームにいるあいだは気分がいい」「リラックスすると同時に充電できる」と証言する。さらには、サウナに入ると肌荒れや副鼻腔炎、筋肉痛や血行不良など、さまざまな不調が解消されるという声も聞かれる。

　かつてサウナは「貧乏人の薬局」と呼ばれた。高価な薬を買えない人たちが、癒しを求めてサウナに腰を下ろした。そして確かに、当時手に入る薬よりも効果的なことが多かった。当時も今も、サウナ浴は心身の状態を改善するものだったのだ。

　そうとも、サウナが健康によいことを民衆は昔から知っていた。フィンランドでは大陸の伝染病が流行しにくかったと言われているが、それはフィンランド人が頻繁にサウナに入っていたからだろう。シラミやノミがもたらす他の小さな病気も、フィンランドでは少なかったそうだ。科学的に証明されたわけではないが、一般的に衛生状態がよければ伝染病のリスクは低下する。

　すでに18世紀には科学界がサウナの健康効果に注目しはじめていた。その後の1世紀もサウナへの関心は高まり、20世紀初頭には医学界でも効果が認められるようになった。フィンランド式サウナに入ることを勧めるパンフレットや本が何冊も作られた。温熱蒸気浴がリューマチや筋肉痛、頭痛、疼痛、腎臓疾患、肺炎などを緩和すると医師たちは指摘し、またサウナ浴が肥満を防ぐという意見も多かった。一方で、心臓病、血管障害、神経衰弱のある人は、サウナ浴を控えるよう勧告された。

歴史的に見ると、サウナ浴の健康効果は、おもに衛生や清潔の側面から論じられてきた。サウナで体を温め、石鹸で洗い、水で流す。清潔でいることで健康が保てる。だが、清潔さが非常に高まった現代では、この要素はそれほど重要視されなくなった。一方、近年の研究は、サウナでリラックスすることで優れた効果が生じることを確認している。

　フィンランドの研究者たちは、著名なサウナ研究者であるヤリ・ラウッカネンの指導のもと、サウナを定期的に利用することで運動と同様の健康効果が得られることを明らかにした。被験者は、ドライサウナに30分ほど入った約100人。彼らの血圧は熱さで上昇したが、30分後に普通の室温に戻ると、血圧は入浴前と同じレベルまで低下した。また、サウナに入ると、通常の温度でじっとしているときと比べて、体のカロリー消費量が2倍になることがわかった。これはウォーキングやランニング、ジムでのトレーニングに比べれば劇的な効果とは言えないが、それでもカロリー消費が増えたことには違いない。多くの人がサウナ後の体重減少を経験するが、これはおもに体内の水分減少によるものなので、対策として水を飲む必要がある。

　また、ラウッカネンたちは、サウナの熱気で心拍数が大きく上昇することに注目している。安静時の心拍数が1分間に60〜80回であるのに対し、サウナ入浴中にはその約2倍になるのだ。被験者たちはサウナの中でじっと座っているだけなのに、まるで運動しているかのように体が反応する。この効果は、さまざまな理由で運動ができない人にとって、非常に有益だ。とはいえ研究者たちは、運動とサウナ入浴がまったく同じ効果をもたらすとは考えていない。サウナで筋肉は鍛えられないからだ。それでもランニングと同じように血行がよくなり、サウナ浴中は血圧が一時的に上がっても、その後には下がるのが普通だ。

　さらに、サウナを定期的に利用する人は、そうでない人に比べて高血圧や心臓発作になりにくい。またある研究は、サウナ習慣と認知症発症リスクとの明確な関連を指摘した。サウナに入る頻度が高い人ほど、リスクは低くなった。週に4〜7回サウナに入る人は、週に1回しか入らない人に比べて、何

シラミは言った。
「灰汁（あく）をぶっかけられても、
8日間はおとなしくしているが、
そのあとはもっと暴れてやるぜ。
だけどサウナは怖い」
〔スウェーデン中部〕ヘリエダーレン地方の諺
〔昔は石鹸の代わりに灰汁が使われていた〕

らかの認知症を発症するリスクが約65パーセント低かった。

　同様に、頻繁にサウナ入浴をすると寿命が延びるという研究結果も出ている。ある研究によると、最低60度のドライサウナを1回平均14分、週に4〜7日利用した男性たちは、週に1回しか利用しない男性に比べて、心血管疾患や脳卒中による死亡リスクが減少したそうだ。不思議なことに、ほとんどすべての研究の被験者が男性ばかりだ。今後、この点が改善されることを期待する。

　では、サウナに入ると、心拍数の変化以外に、身体に何が起こるのだろうか？　まずは体温が最大1度上昇する。この一時的な体温上昇により、血管が広がり、体内の血流がよくなる。汗を多くかくことで、体内の老廃物を排出できる。また、温熱によって筋肉が弛緩するため、筋肉痛や疲労感、緊張型頭痛が緩和される。発汗浴は、肌にも大きな効果を発揮する。古い角質が取れ、毛穴の深くまで洗浄されるため、ニキビや乾癬が軽減したと言う人は多い。研究によると、一時的に肌は乾燥するが、長期的な効果は逆で、サウナ浴は肌の潤いと弾力を増すそうだ。耳、鼻、喉の不調の多くは、ドライサウナでもウェットサウナでも緩和できる。副鼻腔炎、鼻づまり、耳垢栓塞、軽度のアレルギー症状がサウナ浴で軽減されることは、何世紀も前から知られていた。これらの効果は、さまざまな要因の組み合わせによる。温熱は気道の粘液の流れを良くし、蒸気はそれを促進する。

　通常の温水浴にも同様の健康効果はあるが、新しい研究によると、サウナの効果のほうがずっと明白だそうだ。温水浴の湯温が40℃前後なのに対し、サウナの室温は一般的に60℃から100℃あるからだろう。

ものすごい熱さなのに、みな耐えている。
汗をかきながらベンチに横たわり、
束ねたシラカンバの小枝で肌をこすって
体内に熱を送り込んでいる。
そして体中が赤くなるまで辛抱すると、
もう耐えられないとばかりに男も女も
裸でサウナを飛び出し、冷たい水をかぶる。
冬は雪の中を転げまわり、
まるで石鹸のように雪で体をこする。
その後は再び熱気の中に戻っていく。

ドイツの学者アダム・オレアリウス（1599〜1671）による、
イングリア（現在のサンクトペテルブルクを中心とした地域）での記録（1635）

サウナ浴がさまざまな疾患に及ぼすプラス効果をリストにすれば、かなり長いものになるだろう。しかし、私に言わせれば、最も重要なのはリラクゼーションそのものだ。じっと座っていること——たいていは穏やかで静かな環境の中で。ストレスや雑念から、終わりのないアクセスや情報の流れから解放されること。サウナ愛好家なら、こう考えるだけでリラックスして落ち着くことができるのだ。「もうすぐサウナの時間だ」

　サウナと健康に関する研究は、まだ始まったばかりだ。研究課題は山のように残っている。認知症の治療とサウナ浴は、興味深い分野のひとつだ。「サウナ博士」として有名な医師ハンス・ヘッグルンドは、ルレオ市のスンデルビー病院に医学研究のためのサウナラボを計画している。最初は心不全を研究する予定だが、長期的には他の分野も関連してくるかもしれない。

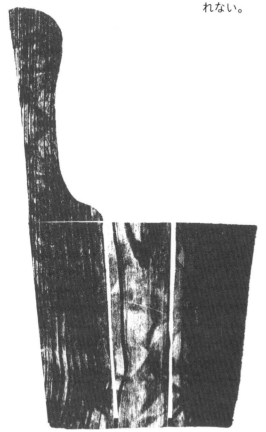

アイスホール、コールドバス、ホットバス、シャワー

　サウナで汗をかいたあと水を浴び、またサウナ……を繰り返すのは、爽快かつ古くからある行為だ。ご存知のように、熱い、暖かい、ひんやりとした、氷のように冷たいといったさまざまな温度を体感するのは、昔からサウナ文化の中心だった。18世紀、スウェーデンの大部分でサウナが禁止されると、多くの浴場が浴槽風呂に切り替えた。それ以前は、サウナ室内にある浴槽で入浴するのが普通だった。いわばダブルバスだ。

　サウナ浴のあとには、氷、雪、または凍りかけの水がクールダウンに使われる。雪の上を転がったり、海や湖やアイスホール（氷に開けた穴）に入ったりするのは、極端なコントラストで身体を覚醒させる方法だ。これらの冷浴は、北欧の暗い冬に太陽が昇るときの感覚に似ている。目覚めを強化してくれるのだ。しかも、体を冷却してからまたサウナに戻ると、温かさが長もちする。

　アイスホールに入ることで、サウナがよりいっそう快適になる。「そんな怖いことを」と思う方にお伝えしたいのは、プラス数度の水に素早く入ると体が温まる爽快感を得られるということだ。また、水温10〜12℃の冷水浴でも充分楽しめる。

　このような冷水浴を勧めても、多くの人はたじろぐ。それでも実際に湖やアイスホールを目の前にすれば、ほとんどの人がやってみようという気になる。また、氷や雪に覆われた道を素足で歩きたくない人のために、実用的なサウナシューズも市販されている。

　気温のコントラストは、心臓を鍛えるプロセスのひとつだ。昔からの知恵も最新の研究も、これには多種多様の有益な生理学的効果があると伝えている。血管が拡大し収縮する。血行が促進される。汗が吹き出し、引っ込む。歴史的に見ても、高温と低温を急速に交代させることは、肉体的・精神的な各種疾患の治療に使われてきた。19世紀には、精神的な問題を抱えた人々に対して、しばしば強制的におこなわれたショック療法でもあった。幸いなことに現代では、サウナ浴治療に伴うショックは、できるだけ快適になるよう設定されている。

サウナもアルコールもタールも
効かないのなら、死期が迫っている。
フィンランドの諺

氷のように冷たい湖が近くにない人には、スノーローリング（雪の上で転がること）をお勧めする。また、サウナに雪を持ち込んで、それで体をマッサージする人もいる。砕いた氷でも同じことができる。また熱さに耐えられるようにと氷塊を口に含むことがある。これは日本のフィンランド式サウナでよく見られるもので、ドアの外に氷の入った箱が置かれている。

　サウナ内での氷の使い道は他にもある。熱い石の上に、できれば少し大きめの氷を置くと蒸気がゆっくり立ち上り、室内に均一に広がる。アウフグースのセッションでも、エッセンシャルオイル入りの水を凍らせ、石の上で溶かして香りを放出させる手法がある。もちろん、サウナの熱気が充分にあることが条件で、そうでなければストーブが冷えてしまうだろう。

汗、アウフグース、水分バランス

　サウナ入浴法はさまざまだが、いずれにせよ私たちは汗をかく。汗をかくことは、私たちの体の温度調節法であり、サウナの快適さの大部分を占める。サウナ浴のリズムは人によって違う。サウナに1回だけ長時間入ることを好む人もいる。汗をかいたあとはシャワーを浴びたり湖やアイスホールに入ったり、もしくは氷や雪に触れて体を冷やす。また、サウナ浴とクールダウンを短時間で繰り返す人もいる。クールダウンの好みもまた人や状況により異なる。短時間で衝撃を味わいたいときには、アイスホールに入ったり冷水シャワーを浴びたりする。ゆっくりとクールダウンしたいときには、たとえば夏のさわやかな空気を味わいながら屋外のベンチでくつろぐ。

　それ以外の点でも嗜好は分かれる。サウナ入浴者の多くは、まず適度に乾いたサウナから始め、発汗が始まると、どんどん石に水をかけていく。また、石の上に氷を置いて柔らかな蒸気を発生させる人もいれば、マツやトウヒの枝を置いて芳香を引きだす人もいる。極端な例として、唐辛子を石に載せるというものがあるが、あまりお勧めできない。その効果は

ヒリヒリするそうだ。

　アウフグースという特殊なサウナは、アロマに焦点を当てている。この言葉はドイツ語で、「水を注いで何かを抽出すること」というような意味だ。アウフグース・セッションでは香りの良いエッセンシャルオイル──たとえばブラックペッパー、ジンジャー、ユーカリ、ローズマリー、ミント、アカシアなど──と一緒に水を熱い石に注ぐ。次にタオルを使って石を扇ぐ。これにより、サウナ内にアロマの素晴らしい香りが立ち込める。セッションは通常、最高の安らぎとハーモニーを得るために沈黙の中でおこなわれる。精神を落ち着かせる香りから活気づかせる香りまで、本当に楽しい体験ができる。何千ものサウナがあるドイツでは、アウフグースはとても人気があり、大きなサウナ空間で実施されることもある。サウナ室の内外でトリートメント、たとえばオリーブオイルと塩またはコーヒーかすとココナッツオイルを使ったエクスフォリエーション（垢すり）なども受けられる。スウェーデンでは近年、急速に広まり、多くの伝統的な浴場が特別にアウフグースタイムを設けている。

　だが、伝統的な──つまりフィンランド式の──サウナ愛好者の多くは、アロマやタオルを振ることによってサウナの穏やかで瞑想的な性質が乱されるとして、近年人気を博しているこのサウナ形式に批判的だ。私の考えでは、アウフグース自体は粛々とおこなうことができるのに、場所によっては音楽や叫び声でイベントまがいにしていることが残念だ。

Aromer på vift — aufguss

立ちのぼるアロマ—— アウフグース

男は木造の部屋の真ん中に立ち、天井に夜空のごとく散りばめられた淡いLEDライトを浴びながら、バスタオルを頭上で回転させている。彼を取り囲む私たちは静かに座り、期待に胸を膨らませている。熱い石の上で、エッセンシャルオイル入りの氷がゆっくりと蒸発しはじめる。バスタオルのヘリ回転が、立ちのぼる熱気を捉えては壁に向かって放つ。その熱気はサウナ入浴者の頭上を通過し、背中を撫でる。

次に熱波師は浴場のマタドールと化し、タオルを持った両腕を頭上でなめらかに前後に動かし、香ばしい熱気を私たち入浴者に投げつける。私は一瞬、顔に痛みを感じたあと、シラカンバ燻製の香りを感じた。するとたちまち、森、薪ストーブ、木炭、ソーセージグリルの記憶が押し寄せた。

入浴者の座り方はさまざまだ。ある人は修道士のようにしゃがみ、次の熱波——このときはタールの香り——が襲ってくると、本能的に頭を下げた。半分寝転んでいる人もいれば、脚を伸ばして座っている人もいる。ある人はヨガの蓮華座のポーズを取り、別の人はまるで食堂の椅子に腰かけるかのように行儀よく背筋をピンと伸ばしている。アウフグースの蒸気を避けるために、顔を濡れタオルで覆う人もいる。

そこでは、さまざまな香りを体験できる。ブラックペッパー、ジンジャー、ジュニパー、ユーカリ、タール、マツなどの多様なブレンドが楽しめる。毎回、新たに思い出に包まれるが、それははかなく消えてしまう。アイスティーを飲むと、体はまた涼しい状態に戻るが、アロマは鼻の奥底に残っている。

どんな種類のサウナであっても、汗をかくことは共通している。快適な入浴にするためには脱水症状を防ぐことが肝心だ。入浴前には水を飲み、汗をかいているあいだも補給しよう。発汗の量は、通常のサウナ入浴1回で200㎖から1リットルと差がある。幸いなことに、水が必要になると体はシグナルを送る。つまり喉が乾くのだ。冷たい水やお好みのドリンクを用意しておこう。

マイナスイオン

　イオンとは、プラスまたはマイナスの電荷を持つ原子または分子のこと。サウナの種類によって、その空気中に漂うイオンも異なることが研究により明らかになっている。電気サウナはプラスイオンを多く発生させ、薪サウナと赤外線サウナはマイナスイオンを多く放出する。スモークサウナは各種サウナの中で最大量のマイナスイオンを発生させる。

　マイナスイオンは幸福感や健康効果を高めると言われている。反対にプラスイオンが多すぎると、呼吸器疾患や頭痛を悪化させ、また心臓に悪影響を与えるという説がある。しかし、このような主張が証明されたことはなく、サウナ浴の健康効果を論じた研究においても、熱源そのものが重要な要因であるとはされていない。

　電気サウナのほうが薪サウナより疲れるという声がときおり聞かれるが、実験ではほとんど確認されていない。可能性としては、薪ストーブの燃焼には酸素が必要なため、換気がよいからではないか。そのため、電気ストーブを使ったサウナよりも空気が新鮮なはずだ。

　マナスイオンは、空気清浄機、岩塩ランプ、赤外線サウナなどを製造するメーカーが謳い文句に使っているが、必ずしも科学的裏付けがあるわけではない。とはいえまったく根拠がないと断じることもできず、将来的に研究が進むことが期待される。

サウナヨガ

　40℃前後に暖めた部屋でポーズを取るビクラムヨガにヒントを得て、サウナでのヨガがブームになってきた。サウナヨガは、それよりも高い温度でおこなわれるが、動きはもっと穏やかだ。サウナでヨガをおこなう利点は、高い室温によって体が柔らかくなること、そして瞑想状態に入りやすいことだ。欠点としては、極端なポーズがあまりにも簡単にできてしまうこと、空気が熱いため鼻呼吸がしにくくなることが挙げられる。そのため専門家はこのタイプのヨガには、シンプルな動きとゆっくりとしたペースを推奨している。

カッピング

　サウナでの伝統的な施術にカッピングがある。特殊なカップ（以前は角）を体に当て、陰圧をかけて皮膚に吸着させる。昔からカッピングは民間療法の一手法であり、カップが血液を吸い上げることから、瀉血と組み合わされることが多かった。この瀉血カッピングはさまざまな病気を治すと主張されてきたが、これを裏付ける科学的証拠は今のところない。今日、カッピングはスパや浴場で、サウナの前後にリラクゼーション目的で使用されている。

カッピングの様子。フィンランドのアーティスト、エルッキ・タントゥ（1907〜1985）のイラスト。

ÖVNING FÖR STEL
NACKE OCH RYGG

肩こりに効くストレッチ

肩こりに悩んでいる人は多い。肩こりが原因で頭痛を起こすこともある。周りの入浴者の迷惑にならない範囲で、次のような動きをサウナで試してみよう。
肩や首の筋肉がほぐれるだろう。

1

両肩を上げ、後ろ向けにゴリゴリ回す。これを10回繰り返す。

2

両肩を下げ、両手を後ろで組んで引っ張り、肩甲骨を寄せる。
10回繰り返す。

3

頭を後ろに倒し、30秒間その状態をキープ。

4

頭をできるだけ前に倒し、その姿勢を30秒キープ。

5

頭を左に倒し、30秒キープ。

6

頭を右に倒し、30秒キープ。

ANSIKTSMASSAGE I BASTUN

サウナでフェイシャルマッサージ

顔が緊張している人は多い。
サウナで顔の筋肉を緩ませてみよう。

1

両手の指先を小さく動かして、
こめかみをマッサージする。

2

10本の指の腹でおでこを
マッサージ。皮膚を少し持ち
上げるように動かす。

3

頬骨の下に指先を移動させ、
小さく上下に動かし、次に目の下も
同じようにマッサージする。

4

頬の皮膚をつまんで、軽く数回
引っ張る。あご先の皮膚も同じ
ようにする。

5

耳を持ち、優しく円を描くように
動かす。耳たぶも忘れずに。

6

指先で目の周りを軽く押していく
（丸い眼鏡をかけたときのリムと
同じ位置）

7

両手の指1本ずつを眉間の
真ん中に置き、眉の上下を軽く
押しながら、ゆっくりと両サイトに
指をスライドさせる。眉尻まで来たら
少し押し上げて終了する。

エチケット、裸になること、衛生

　サウナでの衛生に関するルールは星の数ほどあり、さらに互いに矛盾している。とはいえ誰も疑問に思わないルールがたったひとつある。それはサウナに入る前も入ったあとも、シャワーを浴びるか、石鹸で体を洗うべきだということだ。サウナに座って乾いた状態から汗をかくまで温まりたいという人がいるが、これができるのはプライベートサウナだけだ。

　フィンランドやスウェーデンのサウナ通なら、サウナでは裸になり、タオルや木製サウナマット（ロシアやバルト三国によくある）の上に座るのが理想的だと言うだろう。裸でいるほうが広範囲に熱を感じることができ、気持ちよく発汗できるからだ。タオルを座布団代わりではなく体に巻き付ける人がいるが、これは衛生の問題ではなく人目が気になるからだ。

　歴史的に見ても、北欧のサウナでは裸が伝統だった。農村の共同サウナでは性別や年齢に関係なく、誰もが一緒に入浴するのが当たり前だった。しかし、次第に気まずさが増し、男女の区別（サウナを分ける、男女の日を分けるなど）がおこなわれるようになった。すでに18世紀には、ある程度そうなっていた。工業化が進み、（とくにフィンランドの）都市部に浴場が普及してくると、この傾向はさらに強まり、19世紀後半から20世紀にかけて男女別が確立した。

　今日では世界中のサウナで、ホテルやスポーツジム内であればなおさら、混浴でも男女別でも水着を着ることが一般だ。アメリカやイギリスなどでは、これが当然のようだ。ヌーディストの伝統が強いドイツは例外で、裸が標準となっている比較的新しい施設が多く、そこではサウナだけでなくプールや浴槽でも裸が原則だ。ドイツやオーストリア、スイスでは「Textilfrei〔水着禁止の意味〕」と書かれた看板を見かけることがある。水着禁止というのは、塩素入りの水に浸かったあとにサウナに入ることを想定している。水着に付着した塩素がサウナ内で放出されると、目や皮膚を刺激することがあるからだ。

サタクンタ県では当時、
主人が都会に住んでいるような農場でも、
（あるじ）
使用人の男女が一緒にサウナに入る習慣がまだありました。
子どもの頃、一度だけそんなサウナに入ったことがあります。
丸々とした赤毛のメイドが、裸で堂々とサウナの階段を
降りてきました。子どもだった私はよく考えもせずに、
生意気で下品なコメントをしてしまいました。
同じく入浴中だった農場監督のトゥオマスがベンチから立ち上がり、
不機嫌そうにこう言いました。「おい……こっちも見てみろよ」。
私は恥ずかしくなってサウナから逃げ出しました。
その瞬間、裸でサウナにいることの神聖さに目覚めたのです。

フィンランドの画家、アクセリ・ガッレン＝カッレラ（1865〜1931）

フィンランドのサウナ原理主義者たちは、サウナでは裸に
なるべきだと大声で主張しているが、もちろんこんな意見ば
かりではない。最近の若い人は全裸でサウナに入ることに抵
抗があるが、とりわけフィンランドではその傾向が強いらし
い。本書を執筆する過程で私が感じたことは、全裸で混浴す
る事例はスウェーデンのほうがフィンランドよりも多く、中
欧のゲルマン諸国ではさらに頻繁なことだ。日刊紙『ヘルシ
ンキ新聞』が2000年代前半に調査したところ、回答者の半数
が「同性サウナで裸になることは快適ではない」と答えてい
る。サウナで裸になることを強制するのは、排外主義的な思
想だと捉えられる恐れがある。つまり身体の一部を隠すこと
の禁止につながり、文化的な理由で裸を避ける外国出身者に
影響を与えることになるからだ。

　多くの大型浴場でサウナが普及している韓国では、男女別
の温水浴・冷水浴コーナーでは全裸になる。共同プールでは
水着を着るが、各種サウナやカフェ、ゲーム室、休憩室など
がある大ホールでは専用の服を着る。これは綿製でゆったり
しており、上下セットになっている。つまり軽装のまま発汗
浴をするのだ。日本でもサウナ入浴者が専用服を着ることが
ある。

　一般的に、衛生面や服装に関する規則を除けば、サウナで
の特別なルールはほとんどない。スウェーデンのごく一部の
サウナでは、インクに対するアレルギーを理由に新聞を読む
ことを禁止している。入浴中に新聞が読めるというのは優れ
たドライサウナの利点なので、これは広まってほしくない禁
止条項だ。「スウェーデンのサウナでは新聞が読める」という
のは、フィンランド人がスウェーデンのサウナに抱く定番の
──そしてちょっと小馬鹿にしたような──特徴だ。ロウリ
ュが濃いフィンランドのサウナでは、新聞や本はすぐに湿っ
て破けてしまうからだ。

厳格なルールはほとんどないが、サウナでやっていいこと
やいけないことについての暗黙のルール、つまりサウナエチ
ケットはある。たとえば、石に水をかける前に必ず周囲の人
に尋ねること。フィンランドの伝統では、サウナに出入りす
るときには他の入浴者に確認するのが望ましいとされている。
新たなロウリュをつくろうとする人への配慮のためだ。

　サウナ上級者は、石に水を勢いよくかけるのではなく静か
に注ぎ、ロウリュを柔らかくゆっくりと発生させる。ひしゃ
くを自分の反対側に回転させると前腕が火傷するかもしれな
いので、ひしゃくは自分のほうか横向けに回転させるように
しよう。

　誰かが石に水を注ぎ、良いロウリュが出ているあいだは、
全員サウナに座ったままでいるようにと主張する人たちもい
る。ドアを開けて蒸気の量を減らさないためだ。ただしこの
エチケットは、あなたがサウナで不快な思いをした場合には
適用されない。サウナ奉行がどう思ったとしても、あなたは
ドアを開けて出ればいいのだ。

ロウリュ (LÖYLY)

フィンランド語で、熱した石に水をかけ
たときに発生する蒸気のこと。この言葉
は聖霊の意味も持ち、フィンランドの牧
師ミカエル・アグリコラ（1510頃〜1557)
が1548年に翻訳した新約聖書にすでに登
場している。古フィンランド語のleülüと
古フィン・ウゴル語のlewle（霊、魂）に
由来し、北サーミ語のlievlaとハンガリー
語のlélek（魂、幽霊）と親戚である。サ
ウナに入るときと出るときには、こう尋
ねるのが習いだ。「ロウリュはどう？」

サウナでは良いことしか
思い浮かばない。
トーシュテン・テグネル（1888〜1977）
スウェーデンのジャーナリスト

En frusen
sekund
凍った一瞬

熱い、熱すぎる！外に出なきゃ。今すぐ。

あの太った男はサウナボスを自認しているのだろう、大きなひしゃくで水を熱い石に遠慮なくぶっかけた。ロウリュが情け容赦なく私たちを襲う。隣の男がうめきながら耳をふさいだ。小さな男の子がパニックになって一番下のベンチに移動する。女性は前かがみになり、サウナキャップをきつくかぶる。私はヒリヒリする唇を守るために、両手を口元に当てた。だが、役に立たなかった。そこで私はよろよろと――できるだけ威厳を保ちながら――《カウカヤルヴィ・サウナ》を出ると、小走りになって桟橋まで下りた。桟橋に付属している2本の階段のうち、右側を選んで湖に飛び込む。

凍りかけの水（ゼロ℃に近いので濃く感じる）は、すぐにつらさを和らげてくれた。高温による熱は一瞬にして体から消え去った。だがそれと同じくらい早く、その正反対である冷温による熱が襲ってきた。

安心したのも束の間、私はまた打ちのめされた。私が感じた熱は表面的なものだった。皮膚は騒いでいるが、体そのものが温まったわけではないので、1℃あるかないかの水温に耐えられるわけがない。

混乱のさなか、桟橋の反対側にもうひとりいるのが見えた。私たちのあいだには、木製の桟橋から湖に伸びる金属製の階段があり、手すりから氷柱が下がっている。彼の姿は、その氷柱が映し出す不従順な鏡像のようだった。彼もまた冷水浴の真っ最中だった。顔をゆがませながらも楽しんでいる。白い髭はグチャグチャで、肌は真っ赤、額には深いしわがあり、頭は禿げていた。私たちがその場に同時に存在していたのは、ほんの一瞬だった。先に悲鳴を上げたのは、私だったのか彼だったのか。

《カウカヤルヴィ・サウナ》、タンペレ市

スポーツとサウナ

　フィンランドでは昔からスポーツとサウナは密接な関係にあった。スポーツ選手として知られ、スポーツ思想家でもあったラウリ・ピカラは1912年の時点で、もしヘルシンキでオリンピックが開催されるならサウナ入浴はスポーツになりうると提案している。

　1920年開催のアントワープ・オリンピックで、フィンランドは大成功を収めた。その理由は彼らの食生活（ライ麦パン、干し魚、酸乳など）と、長時間のサウナ入浴（ヴィヒタによる刺激、アイスホールでの冷水浴、雪上で転がることを含む）のおかげだと多くの人が信じた。フィンランドの画家にしてサウナ愛好者のアクセリ・ガッレン=カッレラは、こう評している。

　ある賢者によると、アントワープでの勝利は、フィンランドのシス、サウナ、ライ麦パンがもたらしたのだそうです。まさに正鵠を射ています。サウナとシスは、フィンランド人が最高のパフォーマンスを発揮するための特別な資産です。ただしライ麦パンが丁寧に焼かれ、おいしいトッピングを載せて、主食とともに供された場合だけですが。

　陸上競技で5個の金メダルを獲得するなど、フィンランドの選手たちの活躍は、このようにサウナ浴のおかげだと言われた。1924年、パリで開催された次のオリンピックには、フィンランドを代表するランナー、パーヴォ・ヌルミとヴィレ・リトラが出場した。ヌルミがサウナでトレーニングしていることは次第に知られるようになり、興味を持ったアメリカの選手やジャーナリストたちが訪ねてきた。ジャーナリストのひとりは、サウナの印象を次のように語った。

　「フィンランドのサウナはスポーツの個人競技ではなく、一種の集会のようだ。古代人がたき火を囲んでいた情景が想像できる」

フィンランドの成功はパリ・オリンピックでも続いた。そこで用意されたのは、フィンランドチーム専用のサウナ。建築家カロルス・リンドベリの設計で、古いドライサウナから移設した鉄ストーブと丸太が、心地よい雰囲気をアスリートたちにもたらしていた。大会期間中は猛暑が続いたが、パーヴォ・ヌルミの感想では、サウナの熱さに慣れていたフィンランド人には有利に働いたそうだ。

1936年のベルリン・オリンピックには、フィンランド勢はライ麦パン、ラム肉、豚肉、チーズ、そしてサウナシューズまで持参した——明らかにドイツ製サウナシューズは信頼していなかったようだ。もちろん、デベルニッツのオリンピック村にはフィンランド式サウナが造られた。

1952年のヘルシンキ夏季オリンピックは、フィンランドという国にとって重要なイベントになった。第二次世界大戦で厳しい試練にさらされたフィンランドにとって、独立を強調するまたとない機会なのだ——とりわけ東の大国との関係において。同時に、この夏季大会はフィンランド人がチューインガム、コカ・コーラ、ミニゴルフなど外国における最新の流行を試す機会にもなった。また、世界初の低アルコール飲料ボトル「ロンケロ」が誕生したのもこの時だ。これはジンとグレープフルーツ・トニックを混ぜたカクテルで、サウナ入浴後に愛飲されている。

この大会は、サウナの多さでは史上初だっただろう。水泳競技場にフィンランド式サウナがひとつあったのはもちろんのこと、オリンピック村には17ものサウナがあった。オリンピック村のすぐそばには、プールが隣接した大型サウナ施設がひとつあった。サウナを最も頻繁に利用したのはレスラーとボクサーだったと考えられるが、他の多くの選手たちも発汗浴の効果に目を向けはじめた。南アフリカのコーチたちは、サウナの中で会議をしたこともあったという。

ヘルシンキ・オリンピック以降も、フィンランド選手のサウナ利用は続いた。1964年の東京オリンピックでもフィンランド人はサウナを造ったが、オリンピック村のサウナが普及するにつれ、自力でサウナを造る必要性は薄れていった。

サウナ競技は死への道

スポーツの変種に、サウナでの我慢大会がある。競技者は通常、透明なサウナ室に座るので、観客やテレビ視聴者はその過程を追うことができる。2010年の世界サウナ耐久選手権では、参加者のひとりが全身の皮膚の70パーセントを火傷し死亡するという事故があった。この痛ましい出来事のあと、競技は中止となった。このまま二度と開催されないことを祈るばかりだ。

伝説のレスラー、イーヴァル・ヨハンソンは、入念なサウナ浴のおかげで階級を移動することができた。

　スポーツの世界では、レスリング選手や重量挙げ選手、ボクサーなどの格闘家が、サウナで体重を急速に落とすことが知られている。これらのスポーツは異なる体重区分で競技がおこなわれる。通常、体重測定をするのは競技と同じ日ではないため、この減量方法を実行しても競技中に脱水症状に陥ることはない。

　1932年のロサンゼルス・オリンピックでは、スウェーデンのイーヴァル・ヨハンソンがふたつの金メダルを獲得した。最初に優勝したのはミドル級フリースタイル。その後、24時間以内に５キロの減量に成功し、今度はグレコローマンスタイルのウェルター級で再び金メダルを獲得した。秘訣は数時間、サウナに入ることだった。現在、多くの格闘家がトレーニング中にサウナスーツと呼ばれる保温性のよい服を着用し、持久力強化や減量に取り組んでいる。

　プロ・アマチュアを問わず、アスリートの体調管理にサウナが使われることが普通になってきた。たとえばサッカー男子スウェーデン代表は、トレーニング後にサウナで体をほぐす習慣がある。このサウナ浴が、猛暑の中でおこなわれた1994年のワールドカップ・アメリカ大会での好成績に貢献したと言われている。

　チームメイトなどと一緒にサウナに入る以外にも、今では多くのアスリートがトレーニングや大会、試合のあとに筋肉をほぐす目的で赤外線サウナを利用するようになった。つまりサウナとスポーツは、それぞれの道を歩みながらも密接な関係を持ちつづけているのだ。

Återuppståndelsen
よみがえった男

男は少し苦
労しながら最
上段のベンチ
に座り、短い
うめき声をあげた。その体は縮んだように曲がり、皮膚はた
るんでいる。私たちはベンチの両端に座っていた。

　私は1時間ほどトレーニングをしたあと、しばらく入浴し
ようとここへ来た。脱力したまま静かに考えにふける。

　だが、どうしたことか、ちらっと目を開けて、その男を見
てしまうのだ。彼は静かに座っている。ちょっと静かすぎる
くらいだ。あたりは薄暗く、彼が動いているのか呼吸してい
るのかすわからない。死んでも座りつづけることはできるの
だろうか？　彼は生きているよな？　だが、生きている気配
はない。両太ももに載せている両肘が支えになって、死んで
いるのに前に倒れないのだろうか？

　サウナに充満する熱気にもかかわらず、体内に冷たいパニ
ックが広がった。考える間もなく、私は最上段のベンチから
床に飛び降りた。彼は今、動いたか？　私には見えなかった。
私はそのままサウナ室の外へ出て涼しさを感じた。

　さて、どうしたらいいのだろう？　管理人を呼ぶ？　何も
なかったふりをする？　考えているうちに、あることを思い
ついた。小走りになりながらロッカーまで行くと扉を開け、
置いてあった水筒を取り出す。冷たい水を入れ、すぐにサウ
ナに向かう。

　男はまだそこに座っていた。ひとりきりで動かずに。だが
私がサウナに入ってくると、わずかに体を動かした。私はわ
ざと水筒を振る。「喉が渇きますよね」と言い、ごくごくと飲
む。「よかったらどうです？」

　老人はうなずいて、ごくりと喉を鳴らす。「全部飲んでもい
いですよ」と付け加える。すでに老人は元気になり、若返っ
たようにも見える。注目すべき変身ぶりだ。目がどんどん開
き、背筋が伸びていく。まるでサウナ浴のすべての段階を見
ているようだ。疲労感、安らぎ、水分不足、生まれ変わること。

　「水」と彼は静かに言った。「これほどおいしい飲み物はな
い」

IV

第4章
サウナを造る

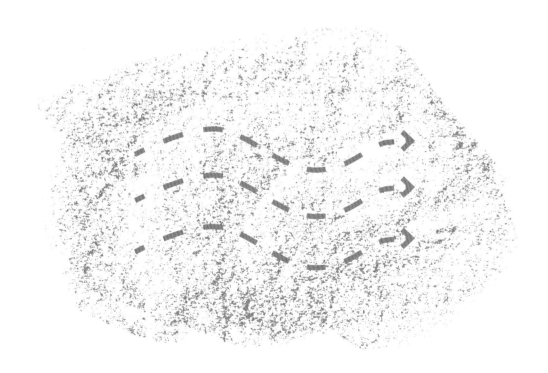

良いサウナとは何だろう？

　自分のサウナを手に入れようと考えているのなら、自分自身や将来の入浴仲間にとって何が最適かを知る必要がある。サウナ選びの前に、己を知ることから始めなければならない。つまり、誰が実際に使うのかをじっくり考えなければならないのだ──それだけでなく、使用時間の長さや頻度、そして一度に何人入るのかも。入浴する人は多いのか少ないのか？　入浴回数は頻繁かまれか？　あなたのサウナを評価するのはサウナ上級者だけだろうか、それとも初心者と経験者の混成部隊だろうか？　子どもも参加するだろうか？　高齢者は？　サウナ使用の目的は、トレーニング後の短い入浴か、それとも週に一度ゆったりと過ごすためか？　ここで大事なことは、希望的観測や想像に惑わされないことだ。これらの質問に正直に答えることで、たとえば自分が必要としているのが小さくてすぐに暖まる小部屋なのか、眺めの良い大きなサウナなのかがわかってくる。

　設置場所によって当然、設備も変わってくる。アパートでは、小型の電気サウナか赤外線サウナを選ぶことになるだろう。田舎であれば薪サウナか、ひょっとしたらスモークサウナも可能かもしれない。人口密度の高い地域では、たとえ自分の家に住んでいても、薪ストーブの導入は難しいかもしれない。暖炉の環境要件は、以前よりも厳しくなっている。加えて、ご近所から煙の苦情が来るかもしれない。

　サウナの種類が決まったら、その大きさとデザインも決めよう。天井の高さや床の広さは？　ベンチは何段にする？　窓はあったほうがいい？

サウナを自作する場合、経験豊富な日曜大工でない限り、まずは専門家に相談したほうがいい。また、自宅に関する建築規則を確認することも重要だ。換気や煙突に関して何が許可されているのか？　水まわりの規則はどうなっているのか？

　とはいえ、サウナの自作が不可能なわけではない。自分自身の発汗室を造りたい個人向けの建築資材は市場に出まわっている。ただ、専門知識を持つ人が身近にいるかどうか確認してほしい。インターネット上の会社から何かを購入することは、最初は安くてスムーズに行くように思うかもしれない。けれども相談できる人がいなければ、建築は長引き、長い目で見れば高くつくことになるだろう。

さまざまな種類のサウナ

　熱源のタイプを決めるには、サウナの種類を知ることが大切だ。おもなバリエーションには、スモークサウナ、薪サウナ、電気サウナなどがある。

スモークサウナ

　北欧最古のサウナの種類をフィンランド語でサヴサウナという。

　サウナ室にはたいてい煙突がなく、スモークサウナストーブ（ストーブ自体が石造りのアーチ型だがモルタルは使わない）で薪を燃やして加熱する。サウナが充分に熱くなったら火を消して、天井の排煙口から、あるいはドアを開けて煙を放出する。その後、それらを閉めれば、石から出る余熱で長時間サウナを楽しむことができる。室内の温度や湿気は、熱い石に水をかけることで調節できる。この技術は非常に古く、おそらく古代の洞窟や山の斜面に掘った横穴でも使われていたことだろう。このタイプのサウナは暖かさが心地よいだけでなく、煙と煤の素晴らしい香りを体験できる。時間とともに香りは壁に染み込み、壁の色は煤で真っ黒になる。昔のスウェーデンやフィンランドでは、サウナの加熱時間を利用し

て肉や魚を燻し、さらにはパンまで焼いていたそうだ。

　19世紀末まで、サウナといえばスモークサウナのことだった。それ以降は隠れた存在として生き延びてきたが、伝統やサウナ入浴への関心が高まるにつれ、近年、息を吹き返すようになった。現代のスモークサウナは煙突を備えていることが多く、そのダンパ（空調弁）を開ければ入浴前に煙を排出することができる。

薪サウナ

　薪サウナは、ストーブ内の炎、木の香り、そして多くの人が言うように、熱気がより柔らかく優しくなるため、素晴らしい感覚を味わうことができる。薪サウナが流行したのは19世紀に入ってからだが、北欧では中世からすでにこのタイプのサウナがあり、とくに都市部の浴場で使われていた。当時は石やレンガでできたストーブが主流だったが、19世紀後半に鉄製の薪ストーブが家庭に普及しはじめると、サウナにも同様の変化が起こった。

　現代のサウナ用薪ストーブは通常、亜鉛メッキ鋼板製の外殻、鋳鉄製の格子、鋳鉄製のフレームのあるガラス扉など、異なる素材で構成されている。現在、扉の素材はガラスが主流であり、これには炎の輝きが見られるという大きな利点がある。扉には吸気調整機能があることが望ましい。扉の下にはたいてい灰受け皿があるので、点火の前には空にしておくように。

　金属の厚みによって、ストーブの耐久性や寿命が決まる。多くの人が厚さ10ミリを推奨しているが、それだけでなく金属の品質も重要だ。また薪サウナには、水をかけても石が冷えにくいように、石を入れる容器（ストーンホルダー）が大きいことが望ましい。また、排煙を自然に優しいものにするために燃焼改善規制が随時導入されているので、高い燃焼温度が可能なモデルを選ぶことが重要になる。

　薪ストーブには、遮熱板〔壁を熱から守るもの〕と床保護板〔床を熱から守るもの〕が付属していることが多い。コンクリート製の床の場合、床保護板はなくてもかまわない。た

だし、サウナに床暖房がある場合は、床下の配管を保護・遮蔽するためにストーブ下に床保護板があったほうがいいだろう。防火上の理由から、ストーブと壁の間に充分な距離を取ることも重要だ。具体的な数値は、購入した商品に記載されている。煙は煙突を通って外へ出ていく。つまり、この種のサウナを建てるのなら独立したキャビンにするのが最適なのだ。それが不可能な場合、少なくとも外壁に囲まれた空間を選ぶ必要がある。

　電気サウナと比べると、薪サウナは暖めるのに時間がかかる。つまり、時間配分を少々念入りにしておく必要がある。また、乾いた薪を用意しておくこと、ストーブの灰を取り除くこと、火加減を見ながら燃焼させることも必要だ。ひとことで言うと、手間がかかる。それでも多くの人が、それだけの価値があると認めている。

電気サウナ

　電気サウナセットは戦間期に発明されたが、大規模に製造・販売されるようになったのは第二次世界大戦後である。電気サウナは1950年代におもに戸建て住宅に導入された。乾いた熱気のため、薪サウナほど熱さを感じないという意見がある。だが現在ではほとんどのモデルが、石の上に水をかけて湿度を調整できるようになっている。

　電気サウナは、フィンランドやスウェーデン、さらには世界で最も普及しているタイプだ。他に比べて、いくつかの利点があるからだろう。薪ストーブと違って電気ストーブは壁ぎわに設置できるため、狭い場所でもサウナが可能だ。また、ストーブさえサウナの大きさに合わせれば、部屋はすぐに暖まり、さらに一定の温度に保てる。暖房に45分以上かかることはまずない。とりわけ電気サウナには煙突が不要なため、どんな空間にも適応できる。最後に少々重要なことを言うと、薪を使わないサウナならメンテナンスだって楽ちんだ。

ガスサウナ、オイルサウナ

　電気サウナが登場する以前、フィンランド都市部の公衆サウナなどではガスストーブが一般的だった。ガスが燃焼し、金属容器の中にある大量の石を温める。ガスはパイプを通してサウナストーブに供給される。燃焼がサウナ内のモデルもあれば、サウナ外のモデルもある。後者は現在ではとても珍しく、商業的な施設で見かけることはない。オイルを燃料とするサウナもあるが、こちらはきわめてまれで、将来的にも人気が出るとは思えない。

赤外線サウナ

　IRサウナとも呼ばれるこの新しいタイプのサウナは、従来のように空気を通してではなく、赤外線が直接、人体を温める仕組みになっている。これはエネルギー効率がよく、短時間でサウナ浴ができる方法だが、多くの評論家は、治療に使うような面白味のない体験しかできないと言っている。蒸気は立ち込めず、壁やベンチは少しは温かくなるが、もっぱら体内だけが温まる。温度は通常40〜60℃だが、短時間でもかなりの汗をかくことができる。広々としたモデルもあるが、多くは一度にひとりしか入れない造りになっている。

伝統的なサウナでは、熱源が薪でも電気
でも、空気が暖まる結果、入浴者が温ま
ることになる。しかし赤外線サウナでは、
入浴者は赤外線によって直接温められる
が、空気は部分的に暖かくなるだけだ。

赤外線サウナを取り入れるビューティサロンやスパが増えている。健康効果が高いという謳い文句には科学的根拠がほとんどないので、眉に唾をつけておいたほうがいい。また、マイナスイオンを発生させる機種もあるが、これも健康への効果は証明されていない。

スチームバス

　このタイプのサウナのルーツはローマ時代までさかのぼる。蒸気が室内に噴射されるため、すぐに湿度が高くなる。浴室の気温は35〜55℃程度とそれほど高くないため、多くの人が心地よいと感じる。入浴者は大量の汗をかき、湯気以外は何も見えなくなることが多い。現代のスチームバスは電動で、タンクはなく流水を蒸気に変えている。ハマム（ターキッシュ・バスとも呼ばれる）は一般的なタイプのスチームバスだ。温度は通常40〜55℃前後。ハマムという言葉はもともと「つぶやき」という意味で、蒸気が充満した部屋で話をすると、声が丸天井に消えてしまうことに由来する〔語源については他説あり〕。

　現代のスチームバスは、水まわりに関する規則に準拠する必要があり、内装にタイルを使うのが一般的だ。ホテルや銭湯、スパなどでスチームバスが増えつつある。以前は個人宅でのスチームバスはあまり見かけなかったが、近年はやや一般的になっている。スチームバスには床の排水口が必要だが、室内のストーブ設置は不要だ。そのためスチームバスは必ずしもスペースを必要とせず、標準的な大きさの浴室でも設置できる。家庭用の小型スチームバスはシャワーとセットになっているものが多く、シャワールーム程度のスペースで温かい蒸気と冷たいシャワーを相互に浴びることができる。スチームバスはスチームサウナと間違われることがある。

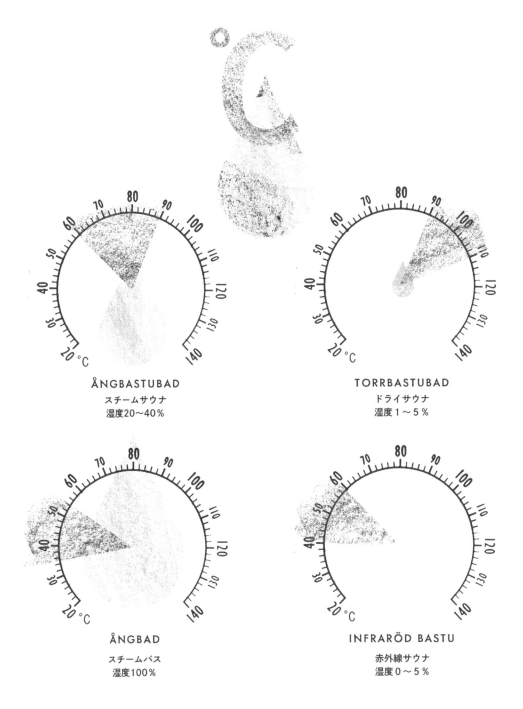

ÅNGBASTUBAD

スチームサウナ
湿度20〜40％

TORRBASTUBAD

ドライサウナ
湿度1〜5％

ÅNGBAD

スチームバス
湿度100％

INFRARÖD BASTU

赤外線サウナ
湿度0〜5％

サウナの種類と湿度・温度

ドライかウェットか

　サウナの種類はさまざまだが、入浴法にも違いがある。ド
ライサウナとスチームサウナがその代表だ。

ドライサウナ

　ホテルやジム内のサウナと言えば、スウェーデンをはじめ
世界中でドライサウナのことだが、フィンランドでは珍しい。
スウェーデンでも蒸気の多いサウナが台頭するにつれ、ドラ
イサウナの人気が落ちている。乾燥した空気は熱いと感じに
くいため、室温は90〜110℃とかなり高くなる。湿度は20パー
セント前後。乾燥した空気は、熱や湿気が突然の波のように
押し寄せることがないため安定しており、入浴中は穏やかに
過ごせる。湿度が高いと咳き込んだり、不快に感じたりする
人もいるので、湿った空気が苦手な方にはこのタイプのサウ
ナをお勧めする。反対に、乾燥した熱い空気に当たると呼吸
しにくくなるという人もいる。つまり、ドライサウナかウェ
ットサウナかという問題は、とても個人的なのだ。
　スウェーデンの多くの浴場には両方のサウナがあり、利用
者はどちらに入るかを選ぶことができる。ドライサウナで体
を温めてから、ウェットサウナに移行して、サウナ体験を強
化する人もいる。今日では、水をかけられない電気ストーブ
はごくまれだ。

スチームサウナ

スチームサウナ——ウェットサウナと呼ばれることもある——は、スモークサウナや薪サウナ、電気サウナでも実現できる。サウナストーンに水をかけて湿度を高めるスチームサウナこそが、唯一本格的なサウナだと考える人も多い。こうすることにより、ダイナミックかつ包み込むような熱と蒸気を得ることができる。フィンランド式サウナでは、石に水をかけると立ち上る蒸気、ロウリュの良さが決め手となる。

同じ温度でも湿った空気のほうが乾いた空気よりも熱く感じられるため、室温はそれほど高くなくてもよく、65℃から75℃の間でよい。だがサウナに慣れてくると温度を上げたくなる人がいる。スチームサウナでは、ストーンホルダーに水をかけることによって——またはかけないことによって——温度と湿度を調整する。スモークサウナ、薪サウナ、電気サウナのいずれも良い蒸気を出してくれるが、サウナ愛好家の多くは前二者を好む。

温度と湿度を正確にコントロールできるスチームジェネレーターを内蔵したストーブもあるし、石が熱くなると蒸気が発生する小さなタンクを備えたシンプルで安価なモデルもある。この他に、スチームジェネレーターを内蔵していないストーブに取り付けて、均一な蒸気の流れを発生する特殊な装置もある。

フィンランド、スウェーデン、ロシアの伝統

これまで本書で紹介した熱源やサウナの種類に加えて、フィンランドの「サウナ」、スウェーデンの「バストゥ」、ロシアの「バーニャ」の違いもまたホットな話題である。しかし、それらを完全に分類することは簡単ではない。とはいえ、何らかのパターンを見出すことはできる。確かにスウェーデンのサウナは、これまでのところ、フィンランドやロシアのサウナよりも乾燥傾向にあった。また、スウェーデンやフィンランドの浴場に比べ、ロシアの浴場は石造りで壁の色が暗めだ。ロシアのバーニャはレンガ造りが多く、スウェーデンやフィンランドのサウナはたいてい木造だ。とはいえ、この区別も単純すぎるだろう。歴史的に見ると、フィンランド、スウェーデン、バルト三国、ロシアのサウナは、ほとんど似たようなものだったのだ。そして、さまざまに変化しながらも互いに影響しあってきた。一般的に言えることは、二国間のサウナ入浴の種類や方法の違いは、一国の入浴者間の違いとたいして変わらない、ということだ。

Fångad i ångan
蒸気に捉まって

まるで白いタイル張りの部屋全体が汗をかいているようだ。壁も床も天井も、すべてに水滴がついている。空気は飽和し、視界はほとんど利かなくなっている。この部屋のなめらかな表面にぶつかった蒸気は、再び水滴に変わり、室温を下げる。

部屋は汗を流し、人々も汗を流している。ここでは、ほとんどの人が全く話さないか、話すとしても隣に座っている知り合いだけだ。白く薄暗いもやがかかったこの状態では、見知らぬ人に話しかけようとは思わない。

あるとき、私は《セントラル浴場》のスチームサウナにひとりで座っていた。それは真昼間だったが、平日が休みの私には時間はたっぷりあった。他の利用者はほとんどおらず、リラックスすることができた。アールヌーボーの古いプールで泳ぎ、ジャグジーにゆっくり浸かったあと、スチームサウナで締めようと思った。このタイプのサウナなら、ほとんどの人が長時間座っていられる。温度は50℃前後と控えめだ。それほど熱くないのに汗が出るのは、少し奇妙な気分がする。

だがこのとき、自分自身が夢の中に、または一種の低い意識レベルの中に消えていった。ずっとあとになって考えてみると、まるで周囲に溶け込んでいたようにも思える。瞑想で目指すべき境地なのかもしれないが、思考は停止し、呼吸、発汗、脈拍だけが残っていた。気が遠くなっていくことを、今でもぼんやりと覚えている。そのとき、誰かが突然ガラスドアを開けてこう叫んだ。

「誰かいますか？　このサウナ、今日は閉めたはずなんですが」

私がよろよろと外へ出ようとすると、女性職員がスチームサウナのサーモスタットが壊れて温度が80℃から90℃になっているのにまだ蒸気が出ると説明した。私が入る前に「このサウナは本日使えません」という張り紙をしたという。だが蒸気のせいで、張り紙を留めていたテープがガラスドアから剥がれてしまったようだ。床に落ちている張り紙を見た私の精神状態は、正常な方向へと戻りはじめた。

場所とデザイン

サウナは家の中のどこにでも造ることができるが、頻繁に使いたいのであればシャワーの隣か、あるいは定期的に過ごす場所に設置することが望ましい。目立たない地下のサウナは、物置や洗濯物干し場になりがちだ。近年では、ホームサウナをバスルーム内やそれに隣接して造ることが多くなっている。バスルームに面した壁やドアをガラス張りにし、開放感を増すケースが多い。

次に考えることは、サウナを具体的にどう使うのかだ。壁に水をかけることがあるか？　外に出て雪の中で転げまわりたいか？　ドライサウナだけでいいのか？

壁も床も天井も一定量の湿気を通過させなくてはならない。サウナの壁の構造に関しては、壁の中に蒸気バリアを入れるか否かで意見が異なる。大多数のホームサウナは蒸気バリアなしで造られているが、これが問題になることはほとんどない。

一般に信じられているのとは異なり、サウナは普通かなり乾燥している。入浴後に残る湿気も、熱が追い出し、室内を乾かすからだ。たいていの場合、湿気が高くて建物に負担をかけるのはキッチンのほうだ。

壁、ベンチ、床、天井

材料の種類は、造りたいサウナの種類によって大きく左右される。スチームサウナの内装にはタイルが使われることが多く、赤外線サウナにはガラスの壁や木製ベンチが使われることが一般的だ。その他、サウナの内装に使える素材としては、ガラスブロック、コンクリート、石、ガラスなどがある。韓国の浴場や、外国のホテルの一部では、大理石の床や、砂や塩をまいた床を使った低温サウナもある。

他のタイプのサウナでも、内装にはやはり木材を使うことが多い。床にはコンクリートまたはフロアタイルを使用し、その上にスノコを敷き詰める。田舎なら、水が流れるように少し傾斜をつけた、隙間だらけの木の床で充分だろう。これは伝統的な構造でもある。この場合、建物自体は礎石（昔は自然石が礎石として使われていた）の上に建てられているか、一種の床束（ゆかづか）に乗っている。床板は、木を削ったものが望ましい。素材のサイズは伝統的に1×2インチ、1×3インチ、1×4インチである。板と板の間の隙間は20ミリを推奨する。

　加熱方法（薪や電気など）が何であっても、基本的にサウナには排水溝は必要ない。スチームサウナ以外の場合、サウナが勝手に乾くからだ。しかし、サウナに排水口があると、サウナが冷えたあとの掃除に水が使えるので便利だ。また、子どものサウナ浴を始める場合、たらいを床に置き、そこでバチャバチャ遊ばせるのがコツだ。この場合、排水口があるほうが便利だし、スクレイパーでの拭き掃除も楽になる

　外壁に対しては、中間素材を入れて断熱する。防湿対策をするかどうかは、現在も議論が続いている。サウナ専門家の大多数は、基本的には防湿は必要ないと考えている。例外はスチームバスで、特別な構造が必要になる。湿気がこもるとカビなどが発生し、建物に損傷を与えることになるからだ。

　サウナの内装のほとんどが木製なのは偶然ではない。北欧では木材は手に入りやすいため一般的な建築材料として使われてきた。そのうえ木には熱伝導率が低いという特性もあり、石や金属に比べて奪うエネルギーが少ない。さらに、適切な種類の木材で作られた壁やベンチはそれほど熱くならず、入浴者は不快にならずに過ごせる。

　壁も座面も、木材はきちんと乾燥させ、できれば熱処理もしておく。これがおろそかになると板が乾燥し、収縮して隙間ができる恐れがある。また、羽目板が反ったり、ひどいときには割れたりすることもある。

　板と板をくっつけるには、木製ねじや楔を使う伝統的な技法もあるが、これができる大工はごくわずかであり、現在最も一般的な方法は亜鉛メッキのスクリューを下から入れることだ。これは、ベンチをサウナ内に取り付ける際の一般的な

方法でもある。なぜなら、サウナ内では釘やスクリューの頭
が熱くなるため、入浴者に触れないようにするためだ。亜鉛
メッキのスクリューを使いたくなければ、釘打機を使って板
の奥まで釘を打ちつける方法もある。

ベンチにも壁にも熱を吸収せず、節がなく樹脂を出さない
木材を使用する。とくにベンチには樹脂のない木材を使うこ
とがきわめて重要だ——座ったときにお尻を火傷したくない
のなら。木の種類は軽いものを選ぼう。なぜなら密度の高い
木材よりも低い木材のほうが熱伝導率が低いからだ。

サウナから熱を奪わない木材を内装に使うことは、暖かさ
の点では圧倒的に優れている。反対にタイルや石やガラスは
より多くの熱を吸収してしまう。近年では開放感を演出でき
る大きなガラスパネルが人気だ。美観の点ではよいのだが、
サウナを暖めるのに時間がかかり、より大きな加熱装置が必
要になる。それでもなお、熱を吸収する素材を使いたいので
あれば、熱の損失を補うために、加熱装置をそれに合わせる
必要がある。熱吸収する素材を使うと、内装が木材だけの場
合に比べて、暖める空間が大きくなるようなものだ。目安と
しては、床面積1平方メートルあたり空間が1〜1.5立法メート
ル増えることになると考えてみよう。

20世紀のスウェーデンのサウナでは、壁、床、天井の木材
はヨーロッパトウヒが最も一般的だった（それ以前はヨーロ
ッパアカマツが主流）。多くの専門家は、〔サウナの内装には〕
アカマツほど樹脂が垂れないトウヒが望ましいと考えている。
しかし忘れてはならないのは、トウヒの節にも樹脂が含まれ
ているため、他の木材よりも高温になることだ。そのため、と
くにベンチや天井には、できるだけ節のない木材を選ぶこと
が望ましい。トウヒ以外では、現在ベンチに最もよく使われ
るのがヤマナラシやハンノキだが、スギなども使われており、
今後さらに選択肢が増えるだろう。

Den avslappnade kännaren

リラックスしたエキスパート

あの有名なラグナル・フルンクが設立したわずか1年後の1966年に私は入社しました。当時はストックホルム地区に店がありましたが、その後、ブロンマ地区に移転しました。現在のオーナーは私です。

　サウナは実用的であるべきです。凝った内装のサウナにはワクワクしますが、機能の充実のほうが先です。とはいえサウナには自分の好みを出したくなるもので、今日では素材やデザインの選択肢がたくさんあります。薪サウナには何とも言えない魅力があります。いい香りがして、パチパチという音が聞こえ、ストーブの炎が見える。けれども薪サウナがいちばん似合うのは田舎です。現在では電動の複合型加熱が主流で、誰もが好みのサウナをカスタマイズできます。完全に乾いた状態でも使えますし、蒸気の量も調節できます。家族全員が参加できることが肝心なんです。サウナでは床がいちばん涼しいので、たらいに水を張って子どもを遊ばせてみましょう。いいサウナデビューができますよ。

　サウナを試してみても、がっかりする人が多いようです。温度が高すぎるとか、熱気と蒸気のダブルパンチに耐えられないとか。私のお勧めは、温度は70℃前後、湿度は30パーセント前後から始めることです。自分が心地よいと思う温度から試すのです。その後、湿度を上げていきましょう。今ではサウナの効能が関心の的ですね。ですが私が注目するのは、効能よりも「気持ちいい」とか「さっぱりする」ことなんです。モチベーションとしては、それで充分でしょう。

　急ぐ必要はありません。サウナは時間がかかるものです。ストレスを感じながら汗をかいてはだめです。ゆっくりと温まること、そのあとにシャワーを浴びるか水に浸かってクールダウンすること、そして最後に安らぐ時間も必要です。

サウナ専門店「サウナスペシャリスト」のオーナー、
ニルス＝オーロフ・ヴェストベリ

サウナ木材の多くは、長持ちさせるために熱処理が施されている。一方、含浸処理やニス塗りには化学薬品が使われるのでサウナ建材には適しない。熱処理では、木材を過熱蒸気（200〜250℃の蒸気）にさらす。これにより、木材の耐久性は増し、色は濃くなる。熱処理をしていなくとも、木材の多くは年月とともに色が濃くなり、サウナに美しい艶をもたらす。羽目板やベンチが暗く変色した場合は、サンディングして明るくきれいな表面に戻すことができる。

　床に置くスノコは、ベンチと同じ性質であることが望ましい。しかし、スノコはラッカー塗装も施されていることが多い。床を掃除するときに持ち上げて移動しやすいように、スノコは小さなものを選ぼう。

木材の種類

　サウナ用の木材は、種類もサイズもその処理方法も、選択肢が非常に多くなってきた。もちろん、北欧の伝統を継承したいのなら、ハンノキ属、ヤマナラシ、トウヒ、マツなど、この地に育つ木々の中から選ぶことができる。

　木材を選ぶ際には、当然のことながら、その種類によって価格差があることを承知しておく必要がある。とはいえ、サウナに必要な木材の量は少ないので、価格差もそれほど大きくはならない。サウナ造りにはかなりの費用がかかるが、お金を節約したいのであれば、木材選びに労力を割くのは無駄である。

ハンノキ属

　ハンノキ属は赤みがかった色をしており、フィンランドを中心とした伝統的なサウナでは非常によく使われる。大きな利点は樹脂を出さないことで、羽目板とベンチの両方に使える。年月が経つときれいに黒ずんでくるが、乾燥や割れを防ぐためにときどきオイルを塗ったほうがいい。この一種であるヨーロッパハンノキは極上の木材になる。

ヨーロッパトウヒ

　ヨーロッパトウヒは伝統的かつ安価な木材で、美しい木目が特徴だ。トウヒ材はブラッシングや熱処理を施すと耐久性が高まる。香りがよく、長年にわたって明るい色を保つ羽目板が欲しいのならトウヒは良い選択だ。節から樹脂が出てくることがあるので、なるべく節のない板を探そう。スモークサウナ用の黒っぽいトウヒ板も売られているが、これは煙と熱に長年さらされた板を模倣したものだ。

ヨーロッパアカマツ

　ヨーロッパアカマツは、北欧の伝統的なサウナ木材と呼ばれている。サウナのあらゆる場所に使用でき、その明るい色合いは、照明がないか、あってもほの暗いサウナ内部にとりわけ適している。サウナでこの木材が温まると、針葉樹ならではの良い香りを放つ。時の経過とともに木材はわずかに暗くなり、樹脂と節が何かの絵を描いているような印象を与える。だが、節のあるアカマツ材は樹脂を発することが多いため、ベンチ用の木材には適していない。ベンチにするのなら節のないアカマツ材を選ぼう。

セイヨウトネリコ

　熱処理されたセイヨウトネリコは、サウナ材としてかなり一般的になってきた。ハンノキなどに比べて色が濃いため、北欧風のブロンドではなく、ミディアムダークな色調となる。

ヨーロッパヤマナラシ

　ヨーロッパヤマナラシ材は軽くて樹脂を含まず、経年変色も起こらない。耐久性に優れているため、やや高めの価格にかかわらず、サウナ建材として人気がある。ベンチにも羽目板にもなる。

フユボダイジュ

　フユボダイジュは金色がかっていて、明るく柔らかい感じがする。熱伝導率が低いため、ベンチと羽目板の両方に使用できる。サウナが暖まると、蜂蜜のような良い香りを放つ。

シダー

　サウナ用のスギ材として売られているものは、ヒマラヤスギ属ではなくベイスギ、英語でレッドシダーと呼ばれる木から採られたものだ。その名のとおり、確かに赤みがかった色をしている。ミドルダークで温かみがあり、熱を加えるととてもいい香りがする。また、熱伝導率が低く、熱に強い。つまりサウナ材として優れているのだが、その分値段も高い。ベンチにも羽目板にも適している。ただし、板によって木調が大きく異なるので、それを美しいと感じる人もいるが、均質な色合いを求めるのなら他を選んだほうがいい。

セイバ

　セイバはセイバ属の熱帯樹木で、別名カポックとも呼ばれる。淡い色合いを保ち、水分変化による変形がないため、ベンチの材料に適している。ただし独特の香りはない。

オベチェ

　オベチェは一時期サウナで、とくにベンチによく使われていた。しかし、この木材は定期的にタワシで磨きオイルを塗るなど手入れがかなり必要で、理想的とは言いがたい。また、〔アフリカの〕問題の多い森林から産出されるため、これもこの木材を避けるべき理由になる。

ラジアータパイン

　ラジアータパインは、大型のモントレーマツから採れる木材だ。産地はアメリカ、メキシコ、ニュージーランド。最近、サウナ材として注目を集めている。ブユなどの虫を寄せ付けないと言われており、屋外サウナにお勧めだ。

アコヤ

　アコヤは、前述のモントレーマツを加工した比較的新しい木材だ。アセチル化、つまり無水酢酸を含浸させることで耐久性を高めている。サウナの壁や床の他、耐久性が求められる窓などに使われている。

オイル

ベンチや壁、天井、床などサウナ全体に未処理の木材を使っている場合は、耐久性を高め掃除をしやすくするために、自分で処理をしたほうがいい。パラフィンオイル、サウナワックス、または特殊なサウナパネル保護オイルの三点から選ぶといい。オイルは湿気によるダメージや汚れから木材を守ると同時に、色を少し暗くする。サウナに色味を加えたい場合は、オイルに着色顔料を混ぜてみよう。

マグノリア

マグノリアは比較的高価だが、耐久性に優れている。熱くなりすぎることもなく、サウナにダークトーンの美しい艶を添えてくれる。羽目板は幅広のものが多く、上品で落ち着いた印象を与える。壁や天井に使われることが多いが、ベンチや床にも使える。

ドア、照明、装飾

伝統的にはサウナのドアはすべて木製だったが、近年は全面または部分的にガラス張りにすることが多くなった。窓の数は増えサイズも大きくなり、壁はガラスやガラスブロックにすることが珍しくなくなった。ガラスは強化ガラスで、室内を密閉できるものが標準だ。ガラスの壁と窓にはアルミニウムのフレームが使われることが多い。

サウナのインテリアの大原則はミニマリズムだ。衛生の観点からも美観からも、サウナ内部はできるだけ簡素であるべきだ。温度計と湿度計（後者はなくてもいい）、バケツとひしゃく、そして熱源とベンチ、これだけあれば充分だ。このように基本スタイルが質素でも、サウナを美しく個性的に、あるいは反対に味気なくする方法はいくらでもある。その方法とは、壁、床、天井の資材選びに留まらない。

いくつかのサウナ、とくに古いスモークサウナには照明がなく、窓からの日差しや炉の熾火など、自然光に頼っている。これを理想とするピューリタンもいるが、薪サウナや電気サウナでは明るい熾火が見られないので、何らかの電気照明が欲しくなるだろう。照明は快適さの重要な要素であり、多くの人が試行錯誤を繰り返している。一般的な選択肢は、従来の照明器具、LED照明、ファイバー照明など。この他にも、ロープライト、すりガラスや透明ガラスに包まれた標準的な白熱灯、木製シェード、色温度の異なるLEDランプなどもある。通常、光は足元または何かの背後から届くと心地よく感じるので、光源をベンチの下か背もたれの後ろに置くようにしよう。まるで室内に明るい熾火があるような感覚が、サウナの居心地をさらに良くしてくれるだろう。

サウナの世界で比較的新しく登場したのが、多様なパターンの塩ブロックを、背後から異なる色のランプで照らしたソルトパネルだ。これは優しくて控えめな輝きを放ち、また空気をきれいにする効果もあると言われている。この他に、スパ気分を味わえるようにと、底に照明を付けた浴槽を床に埋設するサウナも出てきている。

　また、ストーブを金属バスケットで囲んで石を山積みにし、さらに木枠で囲むのも、ミニマリストから逸脱した遊び心がある。こうすることで、サウナの石の素朴さと、木が持つ柔らかく温かな性質とのコントラストを楽しむことができる。

熱源

　サウナにとっていちばん大事なのは熱源（フィンランド語で「キウアス」）だ。電気ストーブも薪ストーブも日進月歩で進化している。状況に応じて適切なアドバイスをしてくれる知識豊富な業者に相談するといいだろう。

　貧弱すぎるストーブは問題外だ。暖めるのに時間がかかるし、誰かがサウナのドアを開けると一気に温度が下がってしまう。また、ストーブに負荷がかかると長持ちしない。反対に強すぎる熱源も問題を起こす。サウナ室内の温度が急激に上がっても、石の内部まで熱が通っていないことがある。こうなるとサウナの熱気も蒸気も弱くなってしまう。

　メーカーがストーブの部品や側面の厚さをケチらなかったことは評価に値する。薄くなると金属疲労が早まり、耐久性も落ちるからだ。とはいえ亜鉛メッキされているかどうかなど、金属の質もやはり重要だ。

　昔のストーブは鋳物製が一般的だった。丈夫で発熱量も多かったが、最近では板金または板金と石材のような混合素材の構成が多くなっている。サウナ石が置けない電気ストーブではサウナの妙味が味わえないので、見かけることが少なくなってきたのは幸いだ。

　薪サウナは煙突の設置や、ストーブと壁の間にスペースが必要なことから、電気サウナよりも大きなスペースが必要になる。また、サウナを暖めるのにも時間がかかる。薪サウナはたいてい独立した建物として造られる。その利点は、窓の明かりやキャンドルを利用するのなら電気工事がいらないことだ。もちろん、木の香りに包まれながら本物のサウナにいると感じられることも強調しておこう。

Drömmen
om sjöbastu

夢の
湖畔サウナ

「ボルボと子犬と一戸建て」はスウェーデン人の理想の生活のシンボルだと言われていますが、そのフィンランド版には「小さな湖のそばのサウナ小屋」も入ると思います。子どもの頃から17歳くらいになるまで、夏休みにはずっとサウナと水泳を繰り返していました。フィンランドの小さな湖のほとりに、親戚がサウナを持っていたんです。ドアには駆け寄らないこと、石に水をかける前には周囲の人に尋ねることを学びました。おしゃべりしながら過ごすのは楽しく、今でもその夢を見ます。夏のサウナは、多くのフィンランド人、そして私にとって特別なものです。

ヘルシンキでも、隔週土曜日には集合住宅の地下にあるサウナに家族で入浴していました。日曜日と月曜日は、そこはエクササイズサウナでした――エクササイズのあとに入浴するんです。女性と男性は別々の時間に入浴していました。私は座って年配の女性たちの話を聞きました。ときには互いの背中を流すこともありました。体が年齢を重ねることに素直に向き合えたのです。

私は定期的にサウナに入りますし、サウナでヨガのクラスを担当したこともありますが、自分のサウナは持っていないのです。だから余計に、田舎にサウナを持つことが夢なんです。木造りで、6〜7人入れて、薪を焚くタイプの。湖のすぐそばでなくても、湖に駆け下りることができればいいですね。周囲はシラカンバやマツの木がまばらに立つ森であること。外を眺められるように窓がひとつあること。内装には羽目板を使い、ベンチが2〜3段あること。たらいがあれば、小さな子どもたちがバチャバチャ遊べますね――私たちきょうだいがそうしていたように。

語り手　ティーナ・コンラッドソン
健康ビジネス起業家、ヨガインストラクター

北欧で一般的なサウナメーカーのブランドは、Eos、Finnleo、Harvia、Hero、Huum、Narvi、Iki、Kastor、Magnum、Misa、Mondex、Sentiotec、Tulikivi、Tylö、Vetoである。製品の性能を向上させるだけでなく、環境に配慮した製品づくりにも注力している。他の分野と同様、ここでも、できるだけ少ない排出量で良好な燃焼を実現することが課題になっている。

サウナストーン

赤外線サウナやドライサウナを除けば、サウナの最大要素のひとつが、フィンランド人が言う「ロウリュ」だ。これはフィンランド語で、熱い石に水をかけると室内に充満する蒸気のこと。ロウリュは、まるで熱いボディソープのように入浴者を洗う。また蒸気は体を温めると同時に、汗と混ざってねっとりとしたものになるという二重の機能がある。

少量の石しか載せられないストーブのほうが、環境にも財布にも優しいと言える。なぜなら石の量が多いほど、それを熱するエネルギーも必要になるからだ。とはいえ石の量と、あなたが必要とする蒸気の量も密接に関係している。石を大量に温められる電気ストーブの中には保温性に優れたものがあり、入浴前にスイッチを切っても石の保温が続き蒸気を発生させる。

販売店によっては、薪ストーブを買っても電気ストーブを買っても石を付けてくれるところもあるし、石の別途購入が必要なところもある。石は時間が経つと交換する必要がある。石は市場で購入することもできるし、自然環境から調達することもできるが、いずれにしても一定の基準を満たすものでなければならない。

もちろん割れないように、大きな温度差に耐えられるものでなければならない。これには高密度、つまり重い石が適している。また、あまりに小さい石ばかりだと積み上げたときに隙間が不足し、空気の循環が悪くなる。これ以外にも、石と石が接近しすぎていると、過熱してストーブに損傷を与える可能性がある。さらには有害物質を含まず、不快な臭いを発しないことも重要だ。ストーブのストーンホルダーに積み

上げる前に、石は洗っておくこと。

　セラミックストーンと呼ばれるサウナ専用の石を買う場合には、ストーンホルダーの種類に合わせて形を選ぼう。角ばっているものもあれば、かなり丸っこいものもある。セラミックストーンは多孔質なため保温性に劣るという意見もあるが、それでもよく売れているのは天然石のように砕けて飛び散ることがないからだ。ソープストーンについては、柔らかすぎるので使用しないほうがよいと言う人がいる。

　理想的なサウナストーンとして輝緑岩を挙げる人が多いが、その一方で斑れい岩（かんらん石斑れい岩、石英斑れい岩）がよいと言う人もいる。後者の特徴は、なんといっても密度、耐久性、保温性の高さである。

　タルククロライトはかなり軽いが耐久性があり、熱伝導率が高いので、サウナ用の石として、またサウナストーブの素材としても使用されている。サウナストーンとして使用される素材には上記の他に、かんらん岩、かんらん石および輝緑かんらん石、赤色珪岩、ヒスイ（ジェイダイトやネフライト）、ジャスパー（石英の一種）、鋳鉄、圧延鉄、ひん岩、ダナイトなどがある。

　石によってサウナ浴に与える影響が異なるという説がある。たとえば、かつて聖なる石とされたネフライトには、新陳代謝を高め、疲労回復および身体を活性化する効果があるとされている。また、タルククロライトは免疫力を高めると言う人がいる。ジェイダイトは蒸気を浄化するため呼吸をスムーズにし、血圧を下げ、肌を滑らかにし弾力を高めると主張する人もいる。ところがこのような主張には科学的根拠がなく、医学ではなく民間療法に属している。

　大きさの違う石をストーンホルダーに入れるときは、大きい石を下に、小さい石を上に置く。大きい石とは直径が10〜15センチ、小さい石とは5〜10センチくらいのものだ。小さい石は小型サウナの壁掛け式低電力ヒーターに適している。大きい石は、熱源が薪または電気である独立したサウナ小屋に使おう。大きい石のほうが熱が長持ちするので、広いサウナに向いているのだ。

　石をストーンホルダーに入れるときにはガラガラ落とさな

BASTU

いように。ぎゅうぎゅうに詰めたりせず、石と石の間には空気を入れよう。また、（電気ストーブの）発熱体に負荷をかけすぎると破損または機能低下につながるので注意しよう。ストーンホルダーの空気の循環が悪いと、サウナ全体に熱と蒸気が広がらなくなる。丸い石よりも角ばっている石のほうが空気循環が良くなるという意見があるが、反対意見もある。

　定期的にホルダー内の石の配置を変える、つまり石を移動させる必要がある。その際、ひび割れた石および石の破片は取り除こう。石を交換する頻度は、当然ながらサウナの使用頻度によって異なる。平均して週に2回程度サウナを利用するのであれば、石の交換は年1回程度でいいだろう。

　石の種類が何であれ、絶対にしてはならないことは、その上に塩水をかけることだ。塩水は金属を腐食し、ストーブの寿命を大幅に縮める。

薪、着火、火災予防

　北欧の伝統的な燃料といえばオウシュウシラカンバだが、サウナストーブでは原則としてどんな種類の薪でも燃やすことができる。

　オウシュウシラカンバ、ハンノキ属、ヨーロッパヤマナラシなどの軽い木材は、密度が高く硬い木材に比べて、それほど高温にならないのに早く燃え尽きる。その場合はオーク材などを混ぜてみよう。薪ストーブの費用を節約したいのなら、軽い木材にオークを混ぜるのが良い方法だ。オウシュウシラカンバまたはヨーロッパブナにオークを加えたブレンドをお勧めする（この三種類全部が入ったブレンドでもよい）。購入した個々のストーブの推奨事項は必ず確認しよう。

　薪がよく乾いていると本当に助かる。販売されている薪には水分が多く残っていることがあり、サウナを暖めるのに時間がかかってしまう。薪の水分を蒸発させるために多くのエネルギーが奪われ、薪が燃えにくくなるからだ。さらに湿った薪は大量の煙を出すため、環境にも良くない。また、絶対に使用してはならないのは、ニスや防腐剤などで処理された木材だ。

ストックホルム多島海にあるトーレー島のサウナ

火災予防のために、ヒーターやストーブに布などの燃えやすいものを近づけないこと。もちろん、氷やよく濡れたヴィヒタは例外だ。万が一の事故に備えて、消火器をすぐ手に取れるところに用意しておこう——ただし、サウナ室の外に。

　時間をかけてゆっくり燃焼させると、ストーブの負担が軽くなる。ストーブのハッチは閉めておかないと、燃焼が激しくなりすぎる。

換気

　サウナ浴でもうひとつ重要なのが換気だ。高価なストーブやおしゃれな内装をしつらえたサウナでも、換気が悪ければ閉塞感や疲労感が漂ってしまう。サウナ浴は心地よさを提供するものであり、苦行ではないことを忘れないでほしい。

　換気については、さまざまな意見がある。サウナ内の温度は、どの高さのベンチでも同じであるよう工夫すべきだと言う人もいる。反対に、下のほうは少し涼しく、上のほうが暖かいのがサウナの魅力だと言う人もいる。もちろん、これは暖かい空気が上昇するという物理法則に則っている。換気の良くないサウナのほうが室内の温度が均一になりやすいが、酸素不足になる恐れがある。

　また、入浴時の空気の取り入れ方についても、さまざまな意見がある。ロウリュ（蒸気）を濃くするためにサウナの換気口を完全に閉めたい人もいれば、サウナ内の空気の流れを感じたいという人もいる。

　薪ストーブなどの加熱装置とドアは同じ壁面にあるほうが望ましい。こうすることでドアを開けたときに入ってくる外気が熱源からの熱気と混じりあい、内部の温度が均一になりやすい。吸気口は加熱装置の真下に配置し、排気口は吸気口からできるだけ離れたところに造るのが原則だ。つまり、排気口は吸気口の反対側の壁の高い位置に設置するのが望ましい。以上が換気に関する一般的な条件だが、加熱装置や薪ストーブによって多少異なるので、必ずメーカーの説明書を確認し、それに従って施工するようにしよう。

炎が酸素を消費して空気を強く吸い込むので、薪サウナの
ほうが電気サウナよりも空気の循環が良いことが多い。電気
加熱装置にはサーモスタットがあり、熱くなりすぎるとスイ
ッチが切れる仕組みになっている。そのセンサーが加熱装置
のどこに設置されているのかを確認し、吸気口と近すぎない
ようにすることが肝心だ。吸気口そばの空気は冷たいままな
ので、センサーが適切に働かなくなる可能性がある。センサ
ーが機体の少し上のほうにあるモデルでは、吸気口は加熱装
置の下でなければならない。このような注意事項は通常、加
熱装置を購入した際に付属している。

　サウナから排出した空気は、屋外へ出してしまうのか、そ
れともサウナが吸気した空間に再び戻すのかについては意見
が分かれている。後者に賛成する人は、サウナの排気が屋外
に誘導されるまでに建物内の他の換気に悪影響を与える可能
性があるからだと主張する。しかし、この問題については他
の意見もあり、専門家に相談するのがいちばんだ。あなたの
ケースには何がベストなのかを判断してくれるだろう。

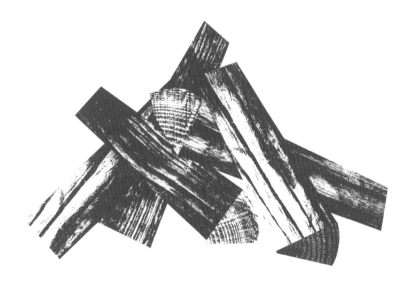

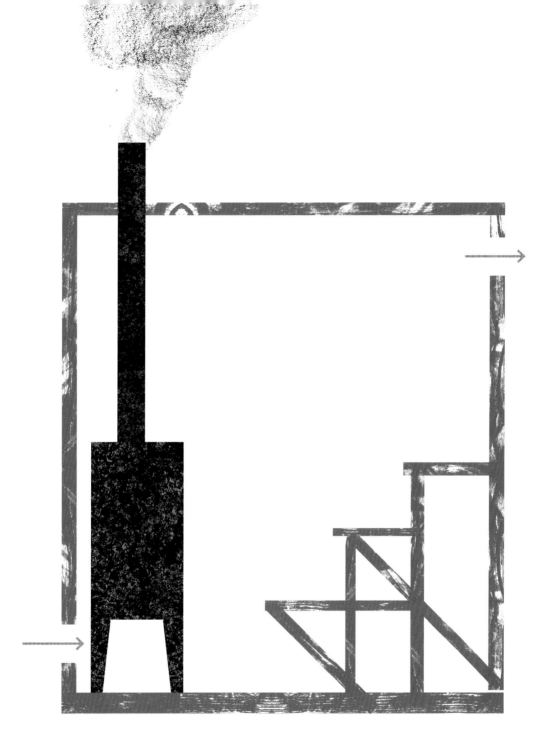

薪サウナの吸気口はストーブに近いところに、排気口は高いところに
設置し、ゆるやかな空気の流れを作るようにする。

本物のサウナとは田舎に、それも湖畔にあるものだ。
フィンランド流に、夏至のころに切った
シラカンバのヴィヒタを湯に浸して柔らかくすれば、
サウナの4要素をすべて満たすことができるだろう。
こうして私たちは、パラダイスのようにホットな部屋で、
北欧の夏の香りを楽しむ。
そして体をヴィヒタで叩き、隠れた悪意を毛穴から追い出す。

スウェーデンのジャーナリスト、トーシュテン・テグネル（1888〜1977）

サウナの備品

ヴィヒタ

　フィンランドの伝統的なサウナ浴には小枝の束で体を叩くことが付きものだ。そのためには手作りの「サウナ箒（ほうき）」が必要になる。これはフィンランド東部ではヴァスタ、西部ではヴィヒタと呼ばれている。昔は、このようにサウナで体を叩くことを「シバキ」と呼んでいた。これは自分でやることも、誰かにやってもらうこともできる。叩く順番は、まず腕、肩、背中、お腹、太もも、脛（すね）、そして足の裏だ。

　サウナ文化に馴染みのない人は、サウナで体を叩くことをマゾヒズムの一種だと考えることがあるが、これはもちろん誤解だ。本来の機能は体を清めることだ。一般的に広葉、とくにシラカンバの葉は石鹸状のアルカリ性物質を分泌し、人体の汚れや脂を溶かす。ドライクリーニングのようなものであり、かつて農業や工業など、仕事で汚れる人が多かった時代には重要な機能を果たしていた。小枝で体を叩くこと自体が体を洗うことだったので、サウナ浴のあとに湖に浸かる必要はなかった。

　ヴィヒタで自分の体を叩くと、冷たさと熱さを同時に感じることがある。これは、軽い痛覚と同時に表皮に近い血管の血行が促進されて起こる反応だ。また、ヴィヒタで叩くことには一種の角質除去効果があり、古い角質を落とし、肌を柔らかくする。ブラシと石鹸でしっかり体を洗う前の準備として優れている。

　フィンランドやスウェーデンでは、太古からヴィヒタの材料といえばシラカンバだった。オウシュウシラカンバ（Betula pendula）は最も優れた品種とされている。見分け方のヒントは、葉の形が三角形で、葉の縁が深いギザギザになっていることだ。オウシュウシラカンバの亜種にはhängbjörk〔直訳：シダレシラカンバ、学名：Betula pendula 'Tristis'〕、masurbjörk〔直訳：コブシラカンバ、学名：Betula pendula var. carelica〕、fransbjörk〔直訳：フランスシラカンバ、学名：Betula pendula 'Crispa'〕およびtårbjörk〔直訳：シズクシラカンバ、学名：Betula pendula 'Youngii'〕などがある。また方言や古名にはvitbjörk〔直訳：白シラカンバ〕やslöjdbjörk〔直訳：木工シラカンバ〕がある。

　古くからの知恵では、夏至を過ぎたころの葉がベストとされている。充分に成長しているが、まだ緑色で水分が多いからだ。6月の最終週か7月の第1週が小枝の収穫時期で、さらに伝統的にヴィヒタ作りには新月のときが良いとされている。若くもなく古くもない木から、小さくてしなやかな小枝を選ぼう。枝には葉がたくさん付いていることが望ましい。古くなったヴィヒタは乾燥して折れやすくなるだけではなく、石鹸の効果もなくなってしまう。サウナショップや一部のサウナ施設では、乾燥または冷凍した既製品のヴィヒタを販売している。一部の公衆サウナでは、ヴィヒタが使用できるのを特定の日だけにしているところもある。これは、ヴィヒタ使用後にサウナ内の落ち葉を取り除く必要があるからだ。

　バルト三国ではシラカンバ以外にもカエデやオーク、リンゴ、さらにはトウヒなどもヴィヒタの材料に使われる。ただし自分の体をパシパシ叩く習慣はなく、ヴィヒタを使うのはもっぱらソフトマッサージや、香りの誘発、またはサウナ内の空気を循環するためである。

　昔はもちろん、小枝を束にして道具を作ることは高度な工芸だった。また、小枝の束は床やテーブル用の掃除道具（箒）や、調理の泡立て器、さらには家庭や学校での体罰道具としても使われた。現在では、そのようなモデルのほとんどは大量生産品に取って代わられた（そして幸いにも体罰は禁じられている）。箒職人は、箒おばさんや箒おじさんと呼ばれ、箒を作って売りながら国中を旅する特別な職業だった。沿岸部や多島海では手漕ぎボートで移動することも珍しくなく、内陸部ではたいてい馬車で移動してサービスを提供していた。

　サウナ界で伝統を大切にする人たちは、小枝の束を作る技術を今に伝えている。近年はゴム製のヴィヒタも手に入るが、本物のヴィヒタと違って香りがなく、自然の風情も感じられない。

SÅ BINDER DU EN BASTUKVAST

ヴィヒタを作ってみよう

1 長さ半メートルくらいの柔らかい小枝を選ぶ。水につけて柔らかくしておく。少し長めの小枝も一本用意しておく。

2 葉の多い部分が上になるように小枝を並べる。細めの小枝は両端に寄せる。

3 根元部分から少し葉を取り除こう。ここが柄になる。小枝をブーケのように集める。

4 先ほど取っておいた少し長い小枝の表面に小さな切り込みを入れて曲げやすくする。

5 小枝の束をしっかりと握り、長い小枝を柄にしっかりと巻き付ける。緩まないように、最低1回はその小枝を柄の中に突き刺す。小枝を最後まで柄に巻き付ける。上手な人は、ヴィヒタを吊るせるように輪っかを作ってから留める。

6 ヴィヒタを使用する前には柔らかくするために濡らす必要がある。時間は5分から20分のあいだ。ヴィヒタを濡らしたあと熱いサウナ石の上にしばらく置いておくと、シラカンバの良い香りが熱気に乗って漂う。このうえない体験だ。

　完成したヴィヒタは棒やフックなどに吊るし、暗く涼しく乾燥した場所で保管する。またフリーザーバッグに入れて冷凍保存することもできる。冷凍したヴィヒタは室温で解凍するように。流水や冷蔵庫は使ってはいけない。乾燥した小枝はぬるま湯に浸して柔らかくしよう。浸す時間は10分以上1時間以下で。

計測機器

　ほとんどのサウナには温度計がついている。もっと加熱すべきか否か判断できるので、現在の温度がわかるのは非常に実用的だ。私たちの温度感覚は、自分の体が冷えているか温かいかに大きく左右されるため、客観的な指標が必要になる。

　また、湿度計を設置しておくのもお勧めだ。こうすることで、自分が心地よいと思える温度と湿度の組み合わせを把握できる。温度と湿度の両方を測定できる温湿度計があれば、壁から外して、サウナ室のさまざまな場所の温度と湿度のコントラストを調べられるので面白い。最上段と最下段のベンチ、熱源に近い場所と外壁に近い場所、それぞれどれくらい差があるのか？　湿度が最も高いのはどこか？

　フィンランドでは、石に水を注いだ直後に砂時計をひっくり返すのが一般的だ。これはつまり、サウナ内にいる人は、時計の砂がなくなるまで外に出てはいけないということを意味している。サウナに普通の時計を置くべきかどうかは、意見が分かれるところだ。次の予定がある人にとっては便利なのだが、サウナで時間を忘れて汗をかきたいと思っている人にとっては無粋なものになってしまう。

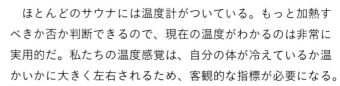

桶とひしゃく

ウェットサウナには、桶とひしゃくが必要だ。これらは真鍮など金属製の場合もあるが、木製が一般的だ。木製だと視覚的にもサウナの雰囲気に合うし、何よりあまり熱くならないところが実用的だ。

サウナマット

サウナの衛生については意見が分かれる。ベンチに裸で直接座っても問題ないと考える人もいれば、不衛生だとみなす人もいる。もちろん、タオルの上に座るのもひとつの方法だが、ロシアやバルト三国では何らかのパッド（持ち手の付いた大きな丸いまな板のようなもの）にお尻を載せるのが一般的だ。また、サウナ用品販売店では、ずれにくいサウナマットも販売されている。お勧めは、熱や湿気で傷みにくいコルク製のマットだ。また、座り心地のいいようにブラシをかけ、滑らかにしたスノコもある。さらには、板に布製クッションを取り付けたタイプもある。

タオル

ゴワゴワして丈夫なタオルか、それとも柔らかくて繊細なタオルかなど、タオルの質は好みが分かれるところだ。サウナに客を招くのなら、タオルの量が充分にあること、そして洗い立てであることが肝心だ。

もし気が利いていると思われたいのなら、ゲストが座るための小さなタオル、体を包むための大きなタオル（裸を見られたくない場合）、そして最後に体を拭き上げるためのタオルを用意するといいだろう。タオルはケチらないほうがいい。入浴後に一息つき、ドリンクや軽食をつまみたい人のために、ガウンもあったほうがいいだろう。

服装

　もちろん、サウナではできるだけ衣服を身につけず、肌に伝わる熱を楽しみ、汗をかくことの快感を味わいたいものだ。それでもサウナ入浴者が身につけるアイテムがある。

　サウナで何らかの帽子を着用するのは、スウェーデンよりもロシアやフィンランドのほうが一般的だが、この国でもサウナで何かを被るのが一般的になってきた。少なくとも、頭髪があまりない人にとっては。ロシア製のキャップはゴワゴワしたフェルトでできたものが多く、フィンランド製はアイススケーターが被るキャップ、あるいはちょっとピチピチの水泳帽のようなものが多い。ただし、サウナでは完全にタイトなものやプラスチック製のキャップを使用しないこと。健康に悪い蒸気が発生する可能性があるし、ぴったりとした被り物は熱がこもりすぎる。

　サウナで汗をかいたあとに、凍った道を歩いてアイスホールに入ったり、湖に浸かったりするのであれば、専用の履物を用意するのが賢明だろう。ビーチサンダルから靴に近いモデルまでさまざまな種類があるので、お好みのものを選んでみよう。同様に、冬の湖水浴では手を保護するために手袋を使う人もいる。

オイルおよび体を洗う用品

　アウフグースが人気を博すにつれ、サウナ用のエッセンシャルオイルやその他の香りの種類が増えている。香りを出す小物もいろいろある。アロマには、レモン、ユーカリ、ミント、タールなどがあり、さらにはスモークサウナやトウヒの森などの名前を付けた複合的な香りもある。

　もちろん、サウナで体を洗うための製品もたくさんある。ブラシ、天然スポンジ（海綿やヘチマ、シルクスポンジ）、合成スポンジ、シャンプー、石鹸、スキンローション、クリーム、オイル、パック、角質除去製品などなど。サウナを思わせるシラカンバの香りや、ルバーブ、ブルーベリー、ローズヒップのような北欧的な香りを配した製品もある。

Festivalen vid älvens strand

川岸の
フェスティバル

クッコラが近づいてきたというのに、私たちは大都会ストックホルムの人間らしく少しセカセカと運転していた。そんなとき目の前に現れた車は、巨大なサッカーボールをトレーラーに載せてけん引していた。私たちは大笑いしながら、ありゃクレイジーのきわみだねと話しあった。

その後、村に入り、キャンプ場に着くと、そこでまたサッカーボールトレーラーに出会った。そして、ようやく理解した——これはサウナなのだ。なぜなら、他にもたくさんの風呂が駐車していたから。ここトルネ川流域のクッコラでは、今年、いやこの10年間で最大のサウナイベント、「国際サウナ会議」が始まろうとしていた。発汗浴をする人ならご存知のように、スウェーデンのサウナデーは毎年ここで開催される。だから国際サウナ会議が初めてスウェーデンで開催されると決まったとき、小さいけれどサウナが密集しているこの村が開催地に選ばれたのは当然のことだった。もっと正確に言うと、スウェーデンのハパランダ市とフィンランドのトルニオ市の共同開催だ。

写真家のステファンと私は広いフェスティバル会場を散策し、興奮を募らせていった。26もの異なるサウナが一堂に会しているのだ。温室がひとつ、ロシア式大型テントがひとつ、軍用車を改造したサウナ兼バーがひとつ。それから先ほどのサッカーボールのサウナも。このかっこよさをクールと呼べばいいのか、またはホットと表現すべきか。

多くの設備は臨時に設営されたものだが、15個ほどは常設だ。たとえば、巨大なヴィレッジサウナ。外では音楽が流れ、シニアたちが本物のヴィヒタの結び方を実演している。広い木造建築に足を踏み入れると、内部は蒸気いっぱいでリラックス感が漂っていた。

ヴィヒタ達人のビルテ・マシリアウスキエネからラトビア式ヴィヒタの使い方を教わるワークショップに参加した。彼女は常に動きまわる。大きな薪ストーブに水をかけ、サウナ

ルームを蒸気で満たす。そして、リトアニア流のヴィヒタの使い方を説明する。サウナに座っている人はそれぞれ好きなヴィヒタを手にしていた。シラカンバの他にカエデ、オーク、リンゴ、それにトウヒもあった。そして先生にならい、各自がヴィヒタを天井に掲げて熱を受け止め、背中、お腹、脚、足の順番に叩いていく。

　それから彼女はヴィヒタを冷水に漬け、ひとりひとりの体を叩いていく。目が覚めるような冷たい水。そして彼女はサウナのドアを開け空気を入れる。酸素濃度が上がり涼しくなったので、私たちはほっとした。安堵のあまり小声を出して笑う人もいる。だが、全員の気が緩んだわけではない。フィンランド式にヴィヒタで少しきつめに体を叩きつづける頑固な北部出身者もいる。

　ここには24ヶ国から200人以上が参加しているという。会場内のどこへ行ってもサウナの話ができる。フィンランドのサウナ愛好家、スウェーデンのエキスパート、そしてスパを経営するイギリス人ともおしゃべりすることができた。そして、どこかのサウナに入り、静けさの中でリラックスすることも。

　サウナを愛する私たちにとっては、まるで天国のようだった。カメラを防水ケースに入れたステファンは、あちこちのサウナに出入りして写真を撮っている。私といえば、どんどん濡れていくメモ帳に書きながら自問していた……どのサウナがいちばん気に入った？　さあね。スモークサウナのどれかかな？　それとも、バスマスターが穏やかで室温が低かったロシアのテント？　あるいはティーロ社製のしゃれていて換気のよい薪サウナ？　温室には特別な魅力があったよな。そして、どうにか結論に達した。とにかくいちばん気に入ったのはヴィレッジサウナだ。ベンチの段が多く、誰もが自分の好きな温度を見つけることができた。素朴なストーブ、温かい明かり、そして静かで控えめな雰囲気。

　家路につくと、心が軽くなり、リラックスした気分になる。今こそサウナ本を書かなくちゃ、と思う。それなのに、すとんと眠りに落ちる。サウナを体験しきったあとの、あの重く幸せな眠りに。

Slutord

おわりに

　この本の執筆中、私は素朴なスモークサウナからホテルのエレガントな施設まで、あらゆるサウナを試した。韓国の塩床サウナではリネンの上下服に身を包み、体を伸ばして寝た。トルネダーレン〔スウェーデンとフィンランドにまたがる地域。ハパランダ市やトルネオ市も含まれる〕にある築300年のスモークサウナで、熾火の上で足をぶらぶらさせながら汗をかいた。さまざまなサウナのスピーカーから、録音した砂漠の疾風の音や、うっとうしい商業ラジオの放送を聞いた。ストックホルム・シティの宣伝上手なビューティサロンで赤外線サウナを試し、ソルムランド地方の住宅の敷地で煙たいテントサウナを試して咳き込んだ。

　違いを見れば見るほど、共通点が明らかになり、現象間の本質のようなものが浮かび上がってきた。社会と個人、穏やかさと刺激、緊張と弛緩、蒸気と霊魂などの独特な組み合わせ。

　この性質が強く出ているサウナがある。穏やかで心地よい会話だけが満ちているような古い木造のサウナだ。まるで人々の幸福が年月をかけて壁に吸い込まれてきたかのような。とくにフィンランドの古いサウナでは、このことを強く感じる。そこでの思い出は温かく、ひときわ香りを放つ。ヘルシンキで最も本物感があり、かつリラックスできるサウナのひとつが《サウナ・アルラ》だ。1929年にオープンしたこのサウナはカッリオ地区にあり、フィンランドの首都に現存する古い公衆サウナのひとつだ。また、小さな展示会やコンサート、ハプニングなどの文化活動も開催されている。心からお勧めできるピュアな場所だ。〔ただし同サウナは2022年に閉店した。〕

　フィンランドの首都で人気のサウナは他にもいくつかある。観覧車の個室がサウナになっている《スカイサウナ》、大きな海水プール（冷水）がある《アッラス・シー・プール》のサ

ヘルシンキ最古の公衆サウナのひとつ、《サウナ・アルラ》。

ヨーテボリの《アルメンナ・サウナ》。奇抜さでは世界有数のサウナ建築。

ウナ、抒情的な《ロンナ》の島サウナ、モダンな設備を誇る《ロウリュ》、そしてバーガーキングのレンタルサウナ。

　そう、確かにヘルシンキは世界で最も多くの、そして最高のサウナがある首都だ。しかしフィンランドのサウナ首都といえばタンペレであり、サウナ好きの皆さんにはぜひ訪れていただきたい。たとえば1904年か1906年頃に建てられた、おそらくフィンランド最古の公衆サウナである《ラヤポルッティ》など、地味だが楽しめるサウナがたくさんある。タンペレ郊外の湖畔にある《カウピノヤ》は改装されたばかりの広々としたサウナで、アイスバスを楽しむことができ、さらにソーセージグリルも付いている。田舎の湖畔にある小さめのサウナ、《カウカヤルヴィ・サウナ》と《ヴェイティヤルヴィ》も特級品だ。この辺りには公衆でもプライベートでも、楽しいサウナがたくさんある。夏になるとサウナマラソンが開催され、参加者はバスに乗って移動し、サウナを開放している個人宅を訪問することができる。

　タンペレの中心部には、新しく建てられたシティサウナ《クーマ》があり、素朴さを備えたモダンな設計と意欲的なレストランが自慢だ。ホテル兼ユースホステル内にある《トゥリン・サウナ》の休憩室ではハンバーガーを食べることができる。ここにはいくつものサウナがあり、またシャンプーの種類の多さでは国内随一（おそらく）なので、自分に合ったものを選ぶことができ、料金を払った甲斐があると思える〔ただし2019年に閉店〕。

　私のようなストックホルム在住者にとって、この大都市にはまともなサウナ施設がないと指摘するのはつらいことだ。それでも、新しい動きがあるとの噂も聞く。それまでは、《セントラル浴場》や《エリクスダール浴場》、《ストールシュルク浴場》などの伝統的なサウナを楽しむことにしよう。《セントラル浴場》にはスチームバスとウェットサウナだけでなく、有名な砂漠の音がバックグラウンドに聞こえ、ハーブの香りがするホットルームがある。ストックホルム市以外では、ドーマルウッデンとヘラスゴーデン〔いずれも自然保護区〕に

《ラヤポルッティ・サウナ》の独特な内装。タンペレ。

有名な公衆サウナがある。《ヤスラギ》は日本のお風呂とアジア風サウナで有名だ。

　もしも、すべての施設が頑なに伝統を維持していたら、サウナの世界はあまりにも画一的で保守的になってしまうだろう。だから刺激的でモダンなアプローチが欲しくなる。その一例がヨーテボリのフリーハムネンにある《アルメンナ・サウナ》で、これはドイツ・ベルリンの建築家集団ラウムラボルが設計した。建築用クレーンと象を掛け合わせたような、灰色で意味不明の形。サウナはどんな建造物の中にも造ることができる——たとえば路面電車、キャンピングカー、乗用車、バン、トラック、鉄道車両、機関車、バス、ケーブルカー、コンバイン収穫機、潜水艦（ロシアなど）、電話ボックスの中に。また、水中サウナ（全面ガラス張り）もあるし、ガラスまたはビニール製の温室モデルもある。それにサッカーボールの形をしたサウナ（板金製）も少なくともひとつはあるようだ。サウナ付き空港はいくつかあるし、また高速道路にもサウナ付き休憩所がポツポツとある。また、「浮かぶサウナ」も無数にある。ストックホルムで人気の《タントサウナ》は、小さなガラス窓と薪ストーブが付いた漂う歴史だ。この他に酒樽を横にしたようなモデルもある。

　現在のトレンドはポップアップサウナだ。その一例が、サウナ、バスタブ、レストランを備えた小さな施設《スネースクラーパン》で、ストックホルムのセーデルマルムにあるショッピングセンター、スクラーパンの中庭に2018〜19年の冬季だけオープンした。ポータブル薪サウナ《ソーラーエッグ》もその一例で、ラップランド地方のビョルクリーデン、パリ、アメリカ、そしてストックホルムのヴァルムデー市にあるアートホール、アーティペラーゴでも使用された。

　私が汗だくになって訪れたいくつかのサウナ施設で、人々に尋ねたところによると、入浴者の間には分断や目に見えない緊張があるらしい。人類はいつでもさまざまな気質やタイプに分類されてきたが、サウナの世界にもまた、几帳面すぎる人から無精者まで各レベルの人たちが溢れている。威張りたい人もいれば、ただ平和と静寂を求める人もいる。対立や

《ソーラーエッグ》——巡回するスウェーデンの芸術的サウナ

苛立ちが生じることもある。ことさらサウナを美化するのはどうかと思うが、それでも温熱には対立を埋めるだけの穏やかさが備わっている。

　にぎやかで混雑することもある屋内プールや公衆浴場。その中にあるサウナは昔から欠かせない設備なのだが、その水準には非常にばらつきがある。しかし、野心的なサウナマスターたちは高い水準を維持しようと奮闘している。海水浴場でも、サウナは昔から中心的存在だった。たとえば、マルメの《リーベルスボリ》や《ヴァルベリ》などがそうだ。多くの子どもたちがここで伝統に触れ、マナーとエチケットを教わる。

ヴァルベリ海水浴場周辺の波は高い。20世紀初頭。

　ヘルシンキの《セイント・ジョージ》など健康に特化したホテルでは、サウナはジムに併設されていて、タイル張りの小さな水槽で体を冷やすことができる。サウナ付きスイートルームを持つホテルは北欧にはほんの少ししかなく、たいていは赤外線サウナかスチームバスだ。多くのジムやフィットネスセンター、それに大型会議場ではサウナを利用することができる。けれども残念なことに、ほとんどの内装はまるで病院のようで、人間味ある雰囲気に欠けている。それでもサウナ愛好家たちがせっせと汗をかいているところを見ると、合格点には達しているのだろう。

　巨大すぎるサウナでは、人間味のある瞑想的な雰囲気が失われがちだ。しかし人間は常にプライバシーを求めているわけではなく、何かの大型コミュニティに属したいと思うときもある。世界最大のサウナ施設は、おそらくミュンヘン近郊の《テルメ・エルディング》だろう。18万5000平方メートルの敷地に26種類のサウナを備えている。ベルリン郊外の巨大アドベンチャーバス《トロピカル・アイランズ》には、プール、ウォータースライダー、ラグーン、植物に加え、アウフグースが体験できるサウナが無数にある。世界最大級のプライベートサウナはノルウェーのサンドホーネイヤ島にあり、ガラスと木でできた美しい建物は、海が見える巨大なキャビンのような形をしている。〔スウェーデンの〕エーンフェルズ

《ロンナ》の島サウナの美しいアングルと採光。

ヴィーク市にある《パラディーセット》には巨大な公衆サウナがあり、約100人を収容できる。ヘルシンキには数百人が収容できるおそらく世界最大のサウナがあるが、これは陸軍の所有であり一般には公開されていない。

　最も由緒あるサウナとは熱源から煙が出るもので、古代人が汗を流していた熱い洞穴から受け継いだものだ。近年、スウェーデンでもフィンランドでも、古いスモークサウナを改修したり、新たに建築したりする動きがある。また多くの地方の団体が保存、記録、研究を続けている。スクレッドラボーにあるフィンランド人の森博物館（フィンスコーグ）は、現在でも稼働中のスモークサウナとその連絡先を収集・周知してくれる。

　スキーやハイキングなどで体が疲れたあとにサウナに入るのは、このうえない喜びだ。筋肉痛や疲労感は、たっぷり汗を流したあとに適切に——というか唐突に——冷水に浸かるかシャワーを浴びると、すっきりと治まる。スウェーデンやノルウェーの高山にポツンと建つサウナでは、ハイキングを終えたハイカー自らが火をつける。これにまつわる素晴らしい体験談は枚挙にいとまがない。とくにスウェーデンのラップランド地方では、木造の小さな小屋から近代的な大型施設まで多くのサウナがあり、周囲のユニークで美しい環境ともども楽しめる。夏には小川や沼や、高山ならではの湖に浸かることができる。

　「完璧なサウナとは何だろう？」。サウナの多様性は素晴らしく、さまざまなホットルームを試せば試すほど、この問いへの決定的な答えを見つけたいという私の熱意は薄れていく。私はドグマではなく、最高の発汗浴に共通しているものについて考えを深めるようになった。その中心に浮かんでくるのはコミュニティだ。熱い中では言葉少なく控えめになりがちだが、それでもサウナは社交の場である。

　だから、ひとり用のミニモデルがどんどん売れていくのは、ちょっと寂しい気がする。これはおもにアパートに住む人向けで、実用的な機能はちゃんと果たしているのだが。

　だからサウナの数が多いわけだし、これからも増えつづけ

ヘリエダーレン地方ルーヴァレンにあるサウナ。一日中、高山をハイキングしたあとに火を入れる。

るのだろう。本書執筆中に取材した多くのサウナ愛好者たち
は、現代におけるサウナへの関心は高まる一方だと確信して
いる。その理由はさまざまだし、複合していることもある。仕
事に忙殺されるあまり、静けさの中でリラックスしたいとい
うニーズ。サウナが健康に良いという科学的証拠。さらには
伝統を守りたいという願望——長い歴史が詰まっているうえ
に、実用的かつ楽しい習慣なのだから。

　サウナの意味はいくつもある——過去とつながる場所、苦
しい時期の慰め、ステータスシンボル、悩んでいた問題がよ
うやく解決する場所、重大な決断を下す瞬間、新しいことに
気づく瞬間、思い出が突然よみがえる瞬間など。サウナはシ
ンプルでありながらも複雑であり、オープンでありながらも
飽和している。

　そう、熱くなって汗をかける素敵な部屋が世界には無数に
ある。そして、このような多様性を感じたあと、当たり前の
考えが浮かび上がる——重要なのは表面的な形ではない。さ
まざまな違いがあっても、サウナの中核とは安らぎであり、
ゆっくり訪れる内省的な喜びなのだ。

　最後にひとこと。サウナを複雑にしすぎないでほしい。今
日では、実に多くのモデル、素材、スタイルがある。インテ
リアに岩塩を使ったり、床に浴槽を造らせたり、照明に凝っ
てみたり、香りのディフューザーを置いたり、自分の体にオ
イルを塗りたくったり……。誰でも好きなようにできるわけ
だが、成功したサウナの秘訣を挙げるとすれば質実剛健であ
ることかもしれない。サウナは優しくて居心地がよいととも
にシンプルな部屋であってほしい。最上のインテリアとは、
サウナならではの雰囲気と蒸気なのだから。

　ニューヨークや韓国からハルムスタ、タンペレ、トルネダ
ーレンへとサウナの旅を重ねた今、私は大のサウナファンか
ら完全な中毒者になってしまった。高い室温も、優れた快適
さも、ユニークなデザインも必要ない。ただ頻繁に熱い汗を
かきたいだけだ。だから次の計画として、庭に小さなサウナ
小屋を建て、そのホットルームを好きなだけ楽しむことにし
よう。あるときは社交の場として、あるときは隠れ家として。

Källor

出典

文献:

Mikkel Aaland, *Sweat: the illustrated history and description of the Finnish Sauna, Russian Bania, Islamic Hammam, Japanese Mushi-buro, Mexican Temescal and American Indian & Eskimo Sweat Lodge*, Capra Press 1978

Peter Aggleton and Richard Parker (ed.), *Men Who Sell Sex: Global Perspectives*, Routledge 2015

Juhani Aho, "Hymn till min bastu" (översättning Werner Söderhjelm), *Snöflingan: litterärt album utgifvet af Eva Ljungberg (Draba Verna) och Constance Ullner (Wanda)*, J. C. Frenckell & sons boktryckeri, 1891.

Henrik Berg, *Läkareboken*, Bokförlaget Örnen 1919

Matts Bergmark, *Bad och bot: om vattnet som läkemedel och njutningsmedel*, Prisma 1985 (1959)

C. J.Bergström, *Finsk badstuga – ett folkbad*, Kirvus 1922

Elmer Diktonius, *Höstlig bastu*, Helsinki 1943

Tiia Eteläkoski, *Marketplace Mythology of the Finnish Sauna – Employment and Reproduction of Sauna Myths*, Aalto University School of Economics 2017

Leena Filpus, Junnola Susa, Helen Moster et al., *Kaupunkisaunoja*, Gummerus 2017

Folkbad, Stockholm 1931–47

Dragoș Gheorghiu (ed.), *Archaeology Experiences Spirituality?*, Cambridge Scholars Publishing 2011

Pär Granlund, *Bastugästboken 3.0*, Lumio 2016

Lars Hallén, *Bastur: utformning och inredning*, Byggförlaget 2002

Gunnar Olof Hyltén-Cavallius, *Wärend och wirdarne: ett försök i svensk ethnologi, andra delen*, P. A. Norstedt & Söner 1868

Bo-Göran Hammargren, *Bastu och folkbad i Sverige 1868–1954*, Stockholms universitet 2001

Aili K. Johnson, "Lore of the Finnish-American Sauna", *Midwest Folklore*, no. 1 1951

Elias Lönnrot, *Kalevala, 1835,1849*
邦訳『フィンランド叙事詩　カレワラ』
小泉保訳, 岩波書店, 1976

Neil Kent, *Helsinki: A Cultural and Literary History*, Interlink Books 2004

Jari A. Laukkanen, Tanjaniina Laukkanen and Setor K. Kunutsor, "Cardiovascular and Other Health Benefits of Sauna Bathing: A Review of the Evidence", *Mayo Clinic Proceedings*, no. 8 2018

Joel Lehtonen, *Putkinotko*, Cavefors 1973

Kenneth Mikko, *Sauna | Bastu*, Barents Kultur 2015

Juha Nirkko, *Sauna: Pieni perinnekirja*, Suomalaisen Kirjallisuuden Seura 2010

Käbi Noodapera Ramel, *Kvarters-badet*, Lund University Publications 2017

Ludvig Nordström, *Lort-Sverige*, Kooperativa förbundets bokförlag 1938

Heather Pringle, *Härskarplanen: Himmlers jakt på det ariska ursprunget*, Historiska media 2013

Kimmo Rentola, *President Urho Kekkonen of Finland and the KGB*, Helsinki University 2008

Arja Saijonmaa, *Sauna*, Richters 2000

Eva Siitonen, *Sauna – Den folkhälsovetenskapliga kärnan i den finska bastun*, Nordiska högskolan för folkhälsove tenskap 2007

Jan Sundin, Christer Hogstedt, Jakob Lindberg och Henrik Moberg (red.), *Svenska folkets hälsa i historiskt perspektiv*, Statens folkhälsoinstitut 2005

Tuomo Särkikoski, *Kiukaan kutsu ja löylyn lumo*, Gummerus 2012

Ilmar Talve, *Bastu och torkhus i Nordeuropa*, Nordiska museets handlingar 1960

Keijo Taskinen, *Sauna – the essence of Finland*, Kirjakaari 2011

Harald Teir et al., *Sauna studies: papers read at the VI International sauna congress in Helsinki on August 15-17, 1974*, Helsinki 1976

Martti Vuorenjuuri, *Sauna kautta aikojen*, Otava 1967

Katarina Vuori och Janne Pekkala, *Saunakeittokirja*, Tammi 2014

Birgitta Wallgren, *Bastu: inredning, skötsel, bastutyper, råd för bastubyggare*, Bonnier 1962

Christina Westergren et al., *Tio tvättar sig*, Nordiska museets förlag 2004

その他の出典：

スウェーデン国立公文書館

スウェーデン国会図書館

ストックホルム市立博物館

The Guardian

IMDb (Internet Movie Database)

写真の出典：

PAGE

18　『北欧百科事典』掲載のOlof Sörlingによる版画
　　1876, Wellcome Collection, CC BY

25　ウィキメディア・コモンズ

26　*Codex Magliabecchi*, Berkeley,
　　University of California, 1903

27　American Indian Medicine Lodge,
　　1868, Alamy Stock Photo

35　フィンランド国防軍の画像アーカイブ, SA-kuva

37　フィンランド国防軍の画像アーカイブ, SA-kuva

41　セーデル浴場の浴室, 撮影: Lennart
　　af Petersens, 1944, ストックホルム市立博物館

42　Turkish Baths in Jermyn Street: the Hararah or
　　hot-chamber, Wellcome Collection, CC BY

43　オラウス・マグヌス著『北方民族文化誌』(1555),
　　ウィキメディア・コモンズ

46　ウィキメディア・コモンズ

50　マリアン通りのサウナ, ヘルシンキ, 1913, 撮影:
　　Signe Brander, ウィキメディア・コモンズ

54　ウィキメディア・コモンズ

55　ウィキメディア・コモンズ

77　フィンランド国防軍の画像アーカイブ, SA-kuva

78-79　フィンランド国防軍の画像アーカイブ, SA-kuva

83　フィンランド国防軍の画像アーカイブ, SA-kuva

86　撮影: A. Viitasalo /『ヘルシンキ新聞』,
　　ウィキメディア・コモンズ

88-89　撮影: Sören Lindell, 『フォルケット新聞』

93　Nils Dahlströmコレクション, トゥルク美術館,
　　サイズ 64 × 86, 撮影: Vesa Aaltonen

98　ヴァイノ・リンナの小説『サーリヤルヴィ湿地の高台』
　　〔三部作『ここ北極星の下で』
　　第1部のスウェーデン語タイトル〕の表紙,
　　Wahlström & Widstrand, 1959

99　『処女の泉』, Svensk filmindustri,
　　1960, Alamy Stock Photo

152　エルッキ・タントゥによるこのイラストは
　　以下に掲載された
　　Sauna studies: papers read at the VI International
　　sauna congress in Helsinki on August 15-17,
　　1974, Harald Teir et al., Helsinki 1976

164　TT通信社のプレス用フォト

230　ヨーテボリのアルメンナ・サウナ, 撮影:
　　David Ivar, ウィキメディア・コモンズ

232　住宅共同組合Riksbyggenの依頼で
　　Bigert & Bergströmが製作したソーラーエッグ,
　　撮影: Jean-Baptiste Béranger

233　絵はがき, 撮影者不明, ウィキメディア・コモンズ

Tack
謝辞──みなさんへTackを

Mikkel Aaland

Axel Björklund

Katie Bracher

Lena Callne

Helena Davidsson

Anna Ehn

Sofia Eriksson

Elisabeth Ernerot

Gabriella Finnborg

Lena Flaten

Göte Forss

David Granditsky

Janne Harjula

Dag Hartman

Kimmo Helisto

Birgitta Kalén

Ulla Kivenjuuri

Olga Langåsve

Peter Langåsve

Martin Lasson

Petter Lasson

Alexander Lembke

Anastasia Lundqvist

Pia Lundström

Birutė Masiliauskienė

Nina Nu Wesemeyer

Petra Nygård

Elin Peters

Paulina Pashkevich

Maria Printz Emond

René

Kimmo Riuttanen

Conny Roth

Åse Lo Skarsgård

Margit Spolander

Svante Spolander

Maria Sundin

Jan-Erik Svensson

Karin Stensdotter

Pertti Torstila

Sofia Ågren

Karl Örsan

Maths Östberg

Storsjöbadet, Östersund

Suomen Saunaseura
– The Finnish Sauna Society

Svenska Bastuakademien

TylöHelo, Harvia
および Bastuspecialisten
（サウナスペシャリスト）の
スタッフのみなさん

その他、直接の知り合いであるか
否かにかかわらず、ヒントと知識を
提供してくれた多くの人に。

次の方々にはとくにお世話に
なりました。

Kimmo Raitio

Nils-Olof Westberg

Hans Hägglund

Janeth Ahlqvist

Mikaela Haglund

Lyth & Co

Carita Wallman Larsson

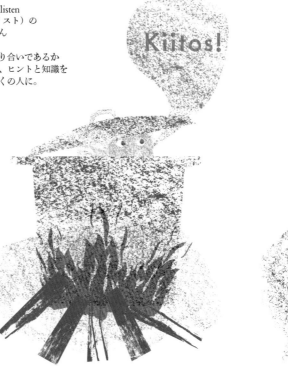

KULTURRÅDET

本書はスウェーデン・アーツ・カウンシルの
翻訳出版助成を受けて刊行されました。
The cost of this translation was supported by a subsidy
from the Swedish Arts Council, gratefully acknowledged.

至福の北欧サウナ
知られざる歴史と文化のすべて

2024年1月25日　初版第1刷発行

著者	イェンス・リンデル（©Jens Linder）
写真	ステファン・ヴェッタイネン
グラフィック	ルーカス・メッレルシュテーン
発行者	西川正伸
発行所	株式会社 グラフィック社
	Phone：03-3263-4318　Fax：03-3263-5297
	https://www.graphicsha.co.jp
印刷・製本	図書印刷株式会社

制作スタッフ

翻訳	羽根由
アートディレクション	細山田光宣
組版・カバーデザイン	グスクマ・クリスチャン、長坂凪（細山田デザイン事務所）
編集	関谷和久
制作・進行	山口侑紀（グラフィック社）

ISBN 978-4-7661-3827-6 C0076
Printed in Japan